哲学を学ぶ

中澤　務　著

晃洋書房

この本の使い方

　本書は，哲学という学問にはじめてふれるひとのために，そのエッセンスを解説した入門書です．

　大学に入学して，授業ではじめて哲学を学ぶ大学生や，高校の「倫理」の授業で哲学に興味を持った高校生，あるいは，哲学がどんな学問なのか気になる社会人のかたなどを，読者として想定しています．

　そのため，本書では，哲学の代表的問題を整理し，それぞれの問題の概要を，できるだけ平易な言葉で，簡潔に説明することを心がけました．

　本書は，15章から構成されていますが，それぞれの章では，哲学の代表的なテーマが取り上げられています．各章は三つのセクションに分けられ，それぞれ異なる話題が解説されています．

　各章の最後のページには，**コラム**と**読書案内**を付しました．コラムでは，その章のテーマに関連する発展的話題を解説しています．読書案内で紹介されている参考文献は，テーマに関心を持ったひとが，つぎに読むべき入門的な解説書です．

　付録として，「**哲学の歴史と哲学者たちの思想**」を収録しました．本文中に登場する哲学者に［A1］のような記号が付されている場合，付録の対応箇所に詳しい紹介があります．本文では，哲学者の全体像や，歴史的な位置づけなどは書かれていませんので，併用することによって理解の幅が広がります．もちろん，本文とは関わりなく，「哲学者事典」として利用することもできます．

目　　次

第 1 章

哲学はどんな学問か

　哲学は，人間や世界に関するわれわれのものの見方や価値観を，根底から問い直す営みです．その思考方法は，どんなことを考えるにも，かならず必要となるものです．しかし，哲学という学問について，漠然としたイメージしか持っていないひとも多いと思います．

　いったい，哲学とは，どのような問題について考える学問なのでしょうか．そして，哲学を学ぶことには，どんな意味があるのでしょうか．本章ではまず，この哲学という学問に関する，もっとも基本的な解説をします．

§1 哲学的に考えるとは

「哲学」の意味

　哲学とはいったいどんな学問なのか，具体的な姿をイメージできないひとも多いことでしょう．ほかの学問であれば，どんなことを考えるのか，想像することができます．たとえば，経済学であれば，社会の経済現象を研究する学問であり，生物学であれば，さまざま生物の分類や，その仕組みを研究する学問です．たいていの学問では，その専門とする領域が決まっており，その領域が「○○学」というかたちで，その名前に現われるのです．ところが，哲学の場合，これとは事情が異なっています．

　「哲学」という名前は，古代ギリシャ語の「フィロソフィア」に由来するものであり，その意味は，「知恵を愛し求めること」です．「哲」とは知恵という意味であり，「哲学」とは「知恵を愛し求める学問」という意味にすぎないのです．これは，古代ギリシャにおいて哲学が誕生したとき，それは自然と人間に関わるあらゆる事象を探求するものであったことに由来しています．

哲学的探求の特徴

　哲学には，ほかの学問のような，哲学だけの領域というものはありません．どんな問題であれ，考察の対象とすることができるのです．哲学は，世界を細分化して分析するのではなく，世界をひとつの全体として捉えようとする学問です．哲学の特徴のひとつは，この**総合性**にあるといえるでしょう．

　哲学的探求には，さらに，もうひとつの特徴があります．それは，言葉による論理的な概念分析を通して問題にアプローチするという特徴です．概念分析とは，われわれが世界や人間について抱いている，さまざまなものの捉え方（概念）を言葉によって論理的に分析し，そこに，われわれのどのようなものの見方が潜んでいるのかを，明らかにしていく方法のことです．

　たとえば，哲学では，「人間とは何か」という問いを立て，人間存在の本質

を明らかにすることを，ひとつの課題としています．しかし，哲学は，人間の心や体を科学的に研究するようなことはしません．哲学がおこなうのは，人間とはどのような特質を持つ存在で，その価値はどこにあるのかといった，われわれ自身の人間観や価値観の分析なのです．

　われわれは，人間には，ほかの生物とは異なる，人間だけの特別な価値があると考えています．それゆえ，われわれは，ほかの人間を尊重し，危害を加えてはならないという倫理を持っています．ですが，ほかの動物とのどのような違いが，このような特別な価値を生み出すのでしょうか．哲学は，われわれの持つ人間理解を，論理的な概念分析を通して明確にし，そこから答えを導き出そうとするのです．

常識を批判する哲学

　以上のような哲学の方法論は，われわれの価値観を，言葉を使って批判的に分析するという特徴を持っています．われわれが普段は疑いもしない，世界に対するあたりまえの見方に，あえて疑問を投げかけ，それを疑い，その根拠を明確にしていくのが，哲学の方法なのです．

　このように，哲学は，常識の批判という特徴を持っています．哲学の分析の対象になるのは，だれもが疑問に思っているような問題ではなく，だれもが当然のように受け入れ，あえて問おうともしない常識的なものの見方です．哲学は，われわれがなんの疑問にも思っていない当然の世界観にあえてメスを入れ，そのなかに潜んでいるパラドクスや矛盾を明らかにします．そして，その解決を模索することによって，われわれの世界観を捉えなおそうとするのです．

考えてみよう　このセクションでは，哲学的に考えることの特徴として，常識の批判が挙げられました．常識を疑うとはどのようなことなのでしょうか．自分が常識を疑った経験があるか，ふり返ってみましょう．

§2 哲学はどんな問題を考えているのか

哲学固有の問題設定

　哲学は，ほかの学問分野のように，法律とか歴史といった探求領域によって限定される学問ではありません．§1で述べたように，哲学は，総合性をめざす学問であり，どのような問題であれ，われわれの世界観や価値観に関わるようなものであるかぎり，哲学の探求対象となりうるからです．

　とはいえ，哲学は，ありとあらゆる領域を，ひとしなみに探求しているわけではありません．たしかに，哲学は，そのはじまりから，世界や人間をめぐるさまざまな問題を考えてきました．しかし，近代以降に多くの学問分野が成立し，それまで哲学が考察してきた問題の多くが，ほかの学問分野の問題となっていくなかで，哲学もまた，その独自性を強めていきました．そして，そのような流れのなかで，哲学固有の問題設定が生まれ，哲学が探求すべき重要な問題群が，しだいに確定されていくことになったのです．

哲学の問題群

　それでは，哲学には，どのような固有の問題群があるのでしょうか．その分類の方法はさまざまですが，本書では，つぎのような四つの問題群を設定して，探求を進めていくことにします．

I　人間とその心（第3〜5章）

　哲学では，人間とはどのような存在であるかが，重要なテーマとなります．人間は，ひとりひとりが心を持ち，かけがえのない自己として，さまざまな他者と関わりながら生きています．そうした人間存在のありかたは，ほかの事物や動物とは，まったく異なっているように思われます．この問題群では，こうした人間存在をめぐるさまざまな問題を考察します．

II　言葉と認識（第 6 〜 8 章）

　人間は，ほかの動物とは異なり，高度な知性と複雑な言語を持っており，それを使って世界を認識することができます．では，われわれは言葉を通して，どのように世界を認識しているのでしょうか．また，われわれは，世界についての確実な知識を獲得し，真理を手にすることができるのでしょうか．この問題群では，こうした人間の認識をめぐる諸問題を考察します．

III　世界と存在（第 9 〜11 章）

　哲学が誕生したとき，哲学者たちは，この世界に関心を抱き，その謎を解明しようとしました．世界をめぐる問題の多くは，自然科学の領域でもありますが，哲学的考察が必要とされる問題もたくさんあります．たとえば，何かが存在するとはどのようなことかとか，時間という現象の正体はいったい何なのかといった問題です．この問題群では，このような世界とその存在のありかたをめぐる哲学的な問題群を考察します．

IV　人生と社会（第 12〜14 章）

　人間は，社会のなかで生まれ，他者と関わりながら，人生を送ります．いったい，社会とはどのようなものであり，人間にとってどんな意味を持つのでしょうか．また，そのなかで生きる人間の生の意味は，どこにあるのでしょうか．この問題群では，このような社会に生きる存在としての，人間の生の意義をテーマとしています．

> **考えてみよう**　哲学が探求している問題群のうち，あなたの関心はどこにありますか．また，ここで挙げられている問題について，過去に疑問に思ったり，考えてみたりしたことがないか，思い起こしてみてください．

§3 哲学を学ぶとどんな役に立つのか

問題を考え抜く力を鍛える

　哲学を学ぶことは，われわれにとって，どんな役に立ってくれるのでしょうか.

　哲学を学ぶことは，教養を身につけるためには意味があるとしても，資格を身につけたり，語学力を身につけたりする場合のように，社会で生きていくときに，実用的な役に立つことはないと思われるかもしれません．しかし，そのような評価は，かならずしも適切なものとはいえません．なぜなら，哲学的に考える訓練を通して鍛えられた思考力は，われわれが社会のなかで問題を解決していくときに，大きな力を発揮してくれるからです.

　すでに述べたように，哲学を学ぶとは，出来合いの知識をおぼえることではなく，人間にとっての普遍的な問題を，みずから考え抜く訓練をすることです．そうした訓練によって身に付けた知的な力は，われわれが生きていくうえでの，知的な基礎体力となり，考えることが必要となるあらゆる局面において，役に立ってくれるのです.

論理的思考力と批判的思考力

　哲学とは，われわれが普段はなんの疑問も抱かない常識的な世界観や価値観を疑い，そのなかに潜む問題点を，言葉を使って解き明かしていく営みであり，そのために必要とされるのが，**論理的思考力**と，**批判的思考力**です.

　論理的思考力とは，言葉を使って概念を厳密に分析し，そこに潜む問題点を論理的に筋道立てて，明らかにしていく知的な力のことです．このような力がなければ，われわれの思考は混乱し，議論が正しいものであるのか，それともたんなる詭弁にすぎないのかを見抜くことができません.

　批判的思考力とは，議論を鵜呑みにすることなく，それがほんとうに正しいのか否かを吟味する力のことです．「批判的」というのは，相手の言っている

ことを非難したり，否定したりすることではありません．それはむしろ，相手の言っていることの根拠を問い，その主張がほんとうに正しいものといえるのかを徹底的に確認していく作業です．ですから，批判的に考える態度とは，相手をほんとうに理解しようとする態度でもあるのです．

現代社会を生きるために

こうした言葉の力を身につけることは，現代社会で生きていくうえで，とても大切なことです．というのも，そのような力は，たんに学問的な問題を考えるためだけでなく，仕事をするにも，日常生活を送るにも，生活のあらゆる面で必要とされるものだからです．自分で問題を批判的に考える力を持たなければ，われわれは，生活のあらゆる面で，主体的な意見を持って生きていくことができなくなるでしょう．哲学的な思考力の育成は，社会に積極的に参画していくことのできる自律的な市民となるために，必要不可欠なものなのだといえるのです．

現代社会の変化は，これまでにないほど急速なものです．かつては，伝統的な世界観や価値観に対して，なんの疑問も持たずに，盲目的に従っていれば，生きていくことができました．しかし，現代社会はめまぐるしく変化し，つぎからつぎへと，新しい問題が発生します．そうした問題には，あらかじめ与えられた正解などありませんし，正解を知っているひともいません．われわれが，議論を通して解決を模索し，共通の意見を作り出して，社会を変化させていくほかないのです．哲学的な思考力を身につけることは，われわれが，こうした新しい社会の形成に参与するために，必要なことだといえるのです．

考えてみよう　あなたのこれまでの生活で，論理的思考力や批判的思考力の不足を感じたことがありますか．このような力が身につくことで，あなたの生活はどのように変わるでしょうか．具体的に考えてみましょう．

▶▶▶ **コラム　二つの「哲学」**

　「哲学」という言葉の意味を辞書で調べてみると，たいていは，二つの意味が記されています．たとえば，『広辞苑』（第六版）では，第一の意味として，「物事を根本原理から統一的に把握・理解しようとする学問」という規定が示されています．これが哲学の本来の意味ですが，このほかに，第二の意味として，「俗に，経験などから築き上げた人生観・世界観．また，全体を貫く基本的な考え方・思想」という説明が与えられています．

　一般には，「哲学」という言葉は，この第二の通俗的な意味で使われることのほうが多いように思われます．たとえば，書店に行けば，「人生哲学」とか，「経営哲学」といった言葉の入った本をたくさん目にしますが，これは哲学的な考察をしたものではなく，たんに著者の信念や価値観を説いたものです．また，「わたしの哲学」と言うとき，それは，たいていは，そのひとの固い信念の表明にすぎません．

　このような第二の意味における「哲学」は，本章で規定した本来の意味での「哲学」とは異なるものであるばかりか，むしろ，その対極にあるものだといえます．というのも，第二の意味での「哲学」には，自分自身の信念や常識を批判的に問い直そうという態度が存在しないからです．通俗的な意味での「哲学」に惑わされると，哲学という学問に対して誤ったイメージを抱いてしまいます．

📖　**読書案内**

竹田青嗣『哲学ってなんだ　自分と社会を知る』岩波書店（岩波ジュニア新書），
　　　2002 年

野矢茂樹『はじめて考えるときのように　「わかる」ための哲学的道案内』PHP 研究
　　　所（PHP 文庫），2004 年

永井均『翔太と猫のインサイトの夏休み　哲学的諸問題へのいざない』筑摩書房
　　　（ちくま学芸文庫），2007 年

第 2 章

哲学はどのように発展してきたか

哲学は，古代ギリシャで誕生し，現在にいたるまで脈々と引き継がれてきた伝統的な学問です．「哲学（フィロソフィア）」という言葉が生まれたのは西洋ですが，これと同様の知的な営みは，東洋にも古くから存在していました．現在では，そのような伝統を基盤にして，哲学は多様化しています．

本章では，哲学の誕生から現在に至るまでの発展の歴史をたどることで，哲学の全体像に迫ります．とくに，哲学と似た問題を問うている宗教や，科学との比較を通して，哲学の特徴を浮彫りにしていきます．

§1 宗教的思考から哲学的思考へ

宗教と哲学

　第1章§2で述べたように，哲学には，哲学独自の問題群があります．それは，ひとことで言えば，世界とはどのようなものであり，その世界のなかで人間がどのように生きるべきかをめぐる諸問題だといってよいでしょう．

　しかし，そのように言うと，それは宗教的な問題とどこが違うのかという疑問がわくかもしれません．じっさい，哲学が問うている問題は，宗教が問うている問題と，多くの部分で重なっており，同じ問題に対して，違う仕方で答えを与えようとしているのです．では，その違いとは何でしょうか．

　ひとことでいえば，それは，**神話的方法**と**論理的方法**の違いだといえます．哲学が誕生する以前，ひとびとは，神話的方法によって世界や人間を理解していました．神話的方法とは，世界が神によってどのように作られ，その世界の歴史のなかで，人間がどのように誕生し，現在まで生きてきたのかをめぐる物語，すなわち神話を通して，世界と人間の謎に答えようとする方法です．ひとびとは，神々を信仰し，宗教的な教えを信じることによって，世界と人間を理解しようとしてきたのです．

哲学の誕生

　このような状況のなかで，古代ギリシャに哲学が誕生します．古代ギリシャ人たちは，「**哲学（フィロソフィア）**」という言葉を生み出し，哲学的探求を始めました．

　もちろん，最初のころから，神話的方法と哲学的方法の違いが意識されていたわけではなく，このころの哲学の世界観が，宗教的な世界観と密接につながっていたことも確かです．しかし，「フィロソフィア」という概念には，すでにこのころから，合理的な理論的探求という意味合いが込められていたのです．

　古代ギリシャ語の「フィロソフィア」は，「フィロ（愛し求める）」と「ソフィ

ア（知恵）」から成っており，「知恵を愛し求める」ことを意味しています．このとき「知恵」というのは，言葉を使った論理的思考を通して得られる，世界の合理的な説明のことなのです．

このような知恵を求めて，**自然哲学者たち**[A1]は，世界の探求をおこないました．すなわち，彼らは，自然世界は，なんらかの原理によって誕生し，動かされていると考え，その原理は何なのかを探求したのです．これは，現在の自然科学の探求の原型ともいえるものです．

人間の探求も同様です．**ソクラテス**[A2]は，人間はいかに生きるべきかという問題を重視し，人間や社会における倫理的な問題を探求しましたが，彼は，それまでにはない，新しい探求方法を作り出しました．すなわち，人々の考え方を聞き出し，それを論理的に分析し，批判していく，**対話**という探究方法です．

体系哲学の登場

こうした知的伝統を踏まえて，紀元前4世紀に，**プラトン**[A3]と**アリストテレス**[A4]によって，本格的な哲学の体系が作り出されることになります．それは，自然世界を成り立たしめている原理と，そのなかで生きる人間や，人間が作り出す社会のありかたを，あらゆる側面から考察し，世界と人間をめぐる総合的な知恵を生み出そうとする営みとなっていきました．

アリストテレスは，世界と人間をめぐるさまざまな問題群を分類し，論理学や自然学や倫理学などの新たな学問領域をたくさん作り出していきました．こうして，哲学は，世界と人間を論理的方法で探求する学問として完成されていったのです．

考えてみよう　神話的方法による世界の説明として，あなたはどのようなものを知っていますか．そこでの神話的説明を，論理的方法で説明しなおすとしたら，どのように説明できるか，考えてみましょう．

§2 哲学的思考と科学的思考

自然科学の登場

　古代ギリシャに誕生した哲学は，その後，ヨーロッパ全体に広がり，発展していきました．中世のキリスト教の時代になっても，古代ギリシャ哲学の伝統は引き継がれていきましたが，近代になると，新しい時代の哲学が登場してきます．それは，この時代の西洋社会の変化と，この時代に急速に発展していった自然科学の影響を強く受けたものでした．

　現在では，多様な学問分野が存在し，学問は細かく区分され，分化しています．ですが，そうした学問が取り扱う問題の多くは，もともとは，哲学が考察していたものでした．近代以前の哲学は，いま，われわれが学問として認識しているほとんどの領域を覆うものだったのです．

　西洋近代における自然科学の誕生と発展によって，学問分野はしだいに細分化されていくことになります．それまで自然哲学と呼ばれていた自然科学は，実験と数学という新しい探求方法を手に入れ，実証科学として急速に発展していくことになります．

哲学の危機

　哲学は，がんらい，実証性を否定する学問ではありません．哲学においても，自然科学と同様に，自然の経験的な観察と，それに基づく理論化は，非常に重要なものです．経験を無視して，荒唐無稽な思弁に耽る学問というイメージは，近代における自然科学の形成期に作られていったものなのです．

　近代において自然科学が発展していくとき，その障害となったのは，キリスト教の宗教的世界観であり，また，その世界観を哲学的に基礎づけた中世のスコラ哲学の伝統でした．スコラ哲学は，アリストテレスの強い影響を受けており，当時は，哲学といえばアリストテレスの理論を指していたのですが，近代の科学者たちは，そのアリストテレスの自然理解の非実証性を攻撃したのです．

　この古い時代の哲学への攻撃は，哲学の内部でも生じていました．**デカルト**[B1]
や**パスカル**のような近代の哲学者たちは，古い時代の哲学の方法を批判し，経
験的な方法や，数学的分析を重視することによって，新しい哲学を作り出して
いったのです．

哲学の変貌

　自然科学の成功と発展により，19世紀になると，自然科学以外の分野も哲
学から独立し，自然科学を模範とした実証科学として，独自の発展をしていく
ことになりました．それまでは，哲学の領分と考えられていた人間に関わる研
究も，自然科学的な方法に基づく経済学や心理学といった新しい学問として巣
立っていったのです．

　19世紀から20世紀はじめにかけての科学万能の時代においては，世界観や
価値観をめぐる探求は主観的で非科学的なものであり，学問の対象にはならな
いという考え方が支配的でした．哲学もその影響を受け，実証主義的な傾向が
高まることもありましたが，やがて，科学万能主義の時代は終り，その限界が
見えるようになってきます．そうしたなかで，哲学もまた大きく変貌していく
ことになりました．すなわち，哲学が伝統的に持っていた，実証科学とは異な
る探求の方法が引き継がれて発展し，実証科学とは異なる側面から，世界と人
間をめぐるあらゆる事象に対して，独自のアプローチで探求する学問に変貌し
ていったのです．

　現在では，哲学は，科学とは異なる独自の方法を持つ学問的探求として，時
代と社会に密着しながら，新しい価値観の模索を続けています．

　考えてみよう　科学的思考と，哲学的思考について，あなたがこれまで持ってい
たイメージを，具体的にまとめてみましょう．そのイメージは，このセクションで
の説明と，どのように違いましたか．

§3 東洋哲学の独自性はどこにあるか

西洋哲学と東洋哲学

哲学（フィロソフィア）という概念は，古代ギリシャに発する独特の概念です．ですから，その独特の意味合いを強調するのであれば，古代ギリシャを中心とした古代地中海世界や，その文化を引き継いでいったヨーロッパや，イスラーム世界※以外には，哲学は存在しないことになるでしょう．

しかし，東洋にも，哲学と呼ぶに値する知的探求はたしかに存在しています．そうした東洋の哲学は，現在では，西洋とは異なるアプローチをする哲学として認められ，西洋の哲学にも影響を与えています．

> ※古代ギリシャ哲学は，キリスト教の世界であるヨーロッパばかりでなく，イスラーム教の世界にも伝播し，独特の発展を遂げました．古代ギリシャ哲学の思想の強い影響のもとで9世紀ころに成立した哲学を，**イスラーム哲学**といいます．イスラーム哲学の特徴は，イスラーム教の思想と密接な関係をもち，神秘主義的傾向が強い点にありますが，古代ギリシャ哲学の合理主義的思考を引き継いでおり，ヨーロッパ世界にも伝播して，大きな影響を与えました．

インド哲学の特徴

インドは，古くからインダス文明が栄えていましたが，アーリア人が侵入し，バラモン教が成立します．バラモン教は，輪廻とそこからの解脱を説く宗教で，古代インド人の独特の人間観と世界観に基づく思想を持っていました．

その後，**ゴータマ・ブッダ**[D1]によって**仏教**が成立しますが，それは，苦しみに満ちた世界から人々を救済する宗教であるとともに，世界の存在や人間の認識について考察する哲学でもありました．**大乗仏教**では，世界に確定的な本性を認めない空の立場に立ち，それを明らかにするために，世界を認識する人間の精神の構造を詳細に分析しています．

インドの哲学は，宗教思想と分かちがたく結びついていますが，世界と人間

の本性を理論的に解き明かそうとする態度は，西洋の哲学と共通しています．

中国哲学の特徴

　中国では，ちょうど古代ギリシャ哲学が誕生したのと同じころ，**孔子や孟子**[D5]によって**儒学**が成立します．儒学は，宗教思想であるとともに，政治の理念や倫理を考察する学問体系でもありました．これと同じ時代に，中国では，**老子と荘子**[D7]を始祖とする**老荘思想（道教）**など，多様な思想が登場し，人間の倫理や社会と政治のありかたが論争されました．こうした思想家たちを**諸子百家**といいますが，これが中国哲学の基礎となる思想を形成していきました．

　その後，インドから仏教が伝播し，独特の宗派が生まれていきました．特に，禅による思索と悟りと目的とする**禅宗**は，哲学的な色彩の強い宗派であり，これによって中国の哲学は，深みを増していくことになりました．

日本の哲学の特徴

　日本でも，独特の宗教である神道が古くから存在しており，そこには，日本人独特の世界観や人間観があらわれています．さらに，中国から仏教が伝播すると，日本独自のさまざまな宗派が形成され，さまざまな思想が登場しました．特に，**禅宗**は，日本で独自の発展を遂げ，**道元**[D9]に代表されるように，独自の哲学を生み出していきます．

　明治時代になると，日本にも西洋哲学が知られるようになり，その影響下で，東洋思想の伝統を取り入れた，日本独自の哲学が生まれていきました．日本の哲学は，西洋哲学を基盤としつつも，日本の世界観や価値観と結びついた，独自の哲学に成長しています．

　考えてみよう　われわれは東洋に生きていますが，東洋の思想を十分に知っているわけではありません．あなたが，東洋の思想に対してどのような知識を持っているか，ふり返っておきましょう．

▶▶▶ **コラム　どうして哲学の歴史を学ぶ必要があるのか**

　哲学では，過去の哲学者たちがどのような考察をし，どのような論争がなされたのかを知ることが重要です．これは，ほかの学問分野にはあまり見られない特徴といえるかもしれません．たとえば，自然科学であれば，現在の理論の内容を学べばよいのであり，すでに過去のものとなった昔の理論を学ぶ必要はありません．ところが，哲学では，そのはじまりの古代ギリシャの時代から，現在に至るまで，数多くの哲学者たちの著作が，現在でもさかんに研究されていますし，現代の哲学の理論的論争などにおいても，過去の哲学者たちの考え方はさかんに持ち出され，批判されたり，援用されたりしています．

　このようなことが必要なのは，どうしてでしょうか．最大の理由は，第1章で指摘された哲学の学問的特徴にあります．すなわち，ほかの学問分野では，すでに確立されて受け入れられている理論の枠組が存在し，それがその学問の基盤となっていますが，これに対して，哲学では，そのような共通の基盤は存在せず，すべての思考の枠組が根底から問い直されるのです．

　それゆえ，たとえば，アリストテレスの思考の枠組も，デカルトの思考の枠組も，現在でも再検討に値する枠組として価値を持つのです．そして，そうした過去の哲学者たちの思考の足跡をふりかえり，いわば追体験することによって，われわれの思考も鍛えられていくのです．

📖　**読書案内**

熊野純彦『西洋哲学史　古代から中世へ』岩波書店（岩波新書），2006年
熊野純彦『西洋哲学史　近代から現代へ』岩波書店（岩波新書），2006年
伊藤邦武『物語 哲学の歴史　自分と世界を考えるために』中央公論新社，2012年
貫成人『哲学マップ』筑摩書房（ちくま新書），2004年

Ⅰ　人間とその心

第 3 章

自己と他者について

　自己と他者は，相対的な概念であり，だれもが，自己であるとともに，他者でもあります．ところが，それぞれのありかたをみると，両者はまったく異なっていることに気づきます．わたしが感じ，考えていることを，わたしは直接知ることができますが，あなたが感じ，考えていることを知ることを，直接知ることはできないのです．いったい，自己と他者とは何であり，どのように関わっているのでしょうか．

　本章では，このような自己と他者をめぐる問題を考えていきます．

§1 自己とは何だろうか

主語としてのわたし

わたしの経験は，いつでも，自分の経験として，ひとつに統合されています．それは，わたしがどのような経験をしても，つねに「わたしは〜している」というかたちで，わたしの経験として現れてくるからです．自分を自分たらしめているのは，この主語としてのわたしだということになるでしょう．

主語としてのわたしは，何よりもまず，わたしの雑多な経験に統合を与えている認識の働きであり，哲学者たちは，このような「わたし」という統合的な意識に，人間のアイデンティティの根拠を求めようとしました．

デカルト[B1]は，わたしが考えているという事実に着目し，自我とは考える働きだと主張しました．「わたしは考える」は，ラテン語で**コギト**といいます．このようなデカルト的な自我は，〈コギトとしての自我〉と呼ぶことができるでしょう．**カント**[B8]をはじめとして，多くの哲学者たちは，自我の根底には，このようなコギトの働きがあると考えています．

述語としてのわたし

自己のアイデンティティを考えるとき，「わたし」という統合的な意識だけでなく，自己が持っているさまざまな属性も，重要な要素です．これは，「わたしは〜である」というときの，述語の部分に相当しています．この述語としてのわたしは，わたしが持っている**個性**の源となるものです．自己とは，わたしという意識であるだけでなく，具体的な経験を通して，しだいに形成されていった個性でもあるのです．

このような自己は，ペルソナという概念と結びつけられてきました．ペルソナとは，古代ギリシャ・ローマの演劇で使われていた，役者がつける仮面のことです．少人数の男性の役者によって演じられた古代の演劇は，仮面を付け替えることによって，一人の役者が複数の役を演じました．

　これと同じように，われわれは，さまざまな人間関係のなかで，自分の**役割**を負い，その役割を演じて生きています．そうした役割の多くは，偶然的なものであり，仮面のように交換可能なものです．しかし，われわれが身に付けているペルソナのなかには，すでに自分自身と融合し，切り離せなくなっているようなものも存在しています．最初はたんなる仮面であったペルソナは，そのひとの自己の一部となっていくのです．

人格の同一性

　自己はたえず変化し続けています．変化するのは，われわれの身体だけではありません．われわれの心もまた，さまざまな側面で，変化し続けているのです．

　ですが，それにもかかわらず，わたしは，生まれてから死ぬまで，同じ自己であり続けています．時間とともに，容貌や性格が大きく変化してしまっても，わたしは同じわたしなのです．このようなわたしのアイデンティティは，**人格の同一性**と呼ばれています．

　では，自己は，肉体的にも精神的にも，たえず変化していくのに，どうして人格の同一性が成り立つのでしょうか．人格の同一性を保証する根拠とは，いかなるものなのでしょうか．

　ロック[B4]は，その根拠を，われわれが一生を通じて，同じ自分の記憶を保持し続けているという事実に求めています．すなわち，われわれには自己意識があり，自分の過去の経験を，同じ自分の経験として記憶しています．それゆえに，いまのわたしは，過去のわたしを，同じ自己として認識できるのです．

考えてみよう　人格の同一性の根拠を記憶に求める考え方に，問題点はないか，考えてみましょう．また，ほかには，どのような人格の同一性の根拠が考えられるでしょうか．

§2 　他者の心をどうやって知るか

自己の心と他者の心

　われわれは，他者の心を直接的に知ることはできません．なぜなら，それぞれのひとの意識は，それぞれのひとに固有の主観的なものであり，それぞれのひとにしか経験することができないものだからです．

　では，他者の心を直接的に知ることができないとしたら，われわれが他者の心（他我）を知る方法はあるのでしょうか．これは，**他我問題**といわれ，哲学者たちは，さまざまな考え方を提示してきました．

他者の心を類推する

　ひとつの考え方は，われわれは，観察できる外面的な証拠をもとに，他者にも心があると推測しているのだというものです．われわれは，心の状態と身体的な反応のあいだに相関関係があることを，自分の直接的な経験から類推することができます．ですから，他人も同じようなふるまいをしたら，他人の心も，自分と同じ状態にあるのだと推測するわけです（**類推説**）．もし，われわれが，そうした類推を通して，他人の気持ちを推し量ることが可能だとしたら，そこから，相手の気持ちを思いやる倫理が生まれるかもしれません．

　しかし，このような類推では，不十分であるとも考えられます．たとえば，他人が，痛くもないのに，痛そうにふるまう演技をしていたらどうでしょう．また，たとえ，相手が意図的にだまそうとしていなくても，われわれの推測には限界があり，誤りの可能性をぬぐい去ることはできないように思われます．われわれは，ふるまいからだけでは，他人の心の中身を確実に知ることはできないのです．しかし，もしそうだとしたら，いかに相手の気持ちを推し量った気でいても，その推測は，つねに勘違いである可能性をぬぐえません．それゆえ，われわれの行動は，相手にとって余計なおせっかいである可能性を否定できなくなってしまいます．

　このような困難から，ある哲学者たちは，他人の心を知ることができるか否かという問題は，擬似問題にすぎないと考えました．彼らの考え方によれば，他人が心を持っているというのは，まさに，その人物が，観察可能な特定の仕方でふるまうということにほかなりません．痛みを感じているとは，ある特定の仕方でふるまっていることが観察されることであり，それ以上でも，それ以下でもないのです（行動主義）．

共感と同情

　もうひとつの考え方は，われわれは，相手の行動の観察から，合理的にその心の状態を推論しているというよりは，むしろ，相手に共感や同情をしているのだというものです．共感や同情は，理性的な推論ではなく，むしろ，相手と同じ感情を抱くことです．たとえば，他人の悲しむ様子を見て，それに共感し，自分も悲しくなるということがあります．このような人間の共感能力は，人間が生物として持つ自然な能力であり，人間は，他人の心を共感するようにできているのだというわけです（共感説）．

　たとえば，**ヒューム**は，人間には，他者のふるまいを観察して，自分も他者と同じ気持ちになる共感能力が備わっているのだと考えました．ヒュームによれば，人間は，このような能力を持っているがゆえに，他人の幸福や苦しみを共有して同情することができるのであり，倫理もここから生まれたのです．

　もし，人間にそのような能力が備わっているのだとしたら，それが根拠となって，われわれは，つねに他者に対する正しい倫理的ふるまいをすることが可能となるでしょう．

考えてみよう　ヒュームが考えるような共感能力を，人間はほんとうに持っているでしょうか．持っているのだとしたら，どのようにすれば，その存在を立証できるでしょうか．

§3　自己にとって他者はどんな意味を持つだろうか

間柄的存在と相互承認

　われわれは，ひとりで生きていけるわけではありません．われわれは，社会のなかで他者と関わり，その関わりのなかで生きています．人間とは，他者との関わりのなかで，はじめて自己として存立できるものなのです．和辻哲郎[D12]は，そのような人間のありかたを，**間柄的存在**と呼んでいます．

　そのような間柄的存在としての人間は，他者から評価され，認められたいという欲求を持っています．われわれは，他者に承認され，受け入れられることによって，はじめて，自分であることの手ごたえをつかむことができるのです．われわれは，自己を形成し，自己であることの意味を実感するために，他者が必要なのだと考えることができます．

　人間と人間の関係とは，相互に承認しあう関係なのであり，互いが互いの承認を求めて自分のあり方を変えていくことにより，自己が形成されていくのです．

相互承認と自己形成

　ヘーゲル[B9]は，人間の精神の自己形成には，この**相互承認**が重要な意味を持つと考えました．ヘーゲルによれば，われわれは，青年期には，他者を拒絶したり，自分の美意識に従って生きていこうとします．しかし，やがて，他者と関わることに意味を見いだし，互いに認め合うなかで，大人としてのアイデンティティを形成していくのです．

　たしかに，ヘーゲルの考え方は，もっともなものです．ですが，他者の心に近づくには，大きな困難が伴うこともまた事実です．他者には，理解しようとしても，理解しきれない部分がつねに残るからです．こうした，他者との隔絶という側面に注目したとき，他者は，われわれにどのような存在として姿を現わすでしょうか．

他者とまなざし

　サルトル[C8]は，こうした他者と自己との関係について，鋭い考察をしています．彼が注目したのは，他者がわれわれに向ける**まなざし**の力です．他者に見られることによって，自己は，主体ではなく，たんなる対象となり，他者に所有されます．自己は，他者にまなざしを向け返し，自己を取り戻そうとします．こうして，自己は，他者のまなざしを通して自己を意識し，他者から自己を取り戻す努力によって，自己を作っていくというのです．

顔としての他者

　レヴィナス[C10]も，他者を，自己には近づきえない絶対的な存在として理解しようとしました．レヴィナスによれば，他者は，わたしの予想を超えた存在です．他者は，無限の可能性を持っており，たえず自己の手のなかから逃げていくものなのです．それゆえ，他者の**他性**は，自己への同化を拒みます．

　レヴィナスは，この事態を，**顔**という言葉で表現しています．顔というものは，人間のなかでも，その人格性を代表する非常に重要な部分だからです．他者は，顔を持つものとして，自己に向き合います．他者の顔は，それが自分の自由にならない，絶対的な他者であることの象徴なのです．

　こうした絶対的な他者は，わたしに対して，けっして自分の自由にはできない，倫理的な存在として現われてきます．他者は，わたしに対して，さまざまな呼びかけをしてきます．そうした呼びかけに対してどう応答するかという選択によって，われわれの倫理は形成されるのです．

考えてみよう　自己と他者の関係は複雑です．このセクションでの説明をもとに，結局，自己にとって他者とはどのような意味を持つのかを，自分の経験をもとに，まとめてみましょう．

▶▶▶ コラム　進化論と他者

　この章では，われわれにとっての他者の重要性が指摘されました．他者は，われ
われが尊重すべき特別な存在ですが，そのような倫理意識は，どこから生まれてい
るのでしょうか．

　最近では，他者に対するわれわれの特別な倫理意識を説明するために，**進化論**の
発想が利用されるようになっています．すなわち，われわれが他者を尊重する性質
を持つことは，人間が進化によって獲得した生物学的な特性だというのです．

　たとえば，生物学者の**ドーキンス**（1941-）は，人間をはじめとする社会的生物
に見られる**利他的行動**を，**利己的遺伝子**と呼ばれる理論で説明しようとしています．
利己的遺伝子とは，生物は自分の遺伝子をつぎの世代に残すために存在していると
いう考え方です．自分の命を危険にさらして他者を守ろうとする利他的行動は，一
見すると，利己的遺伝子の法則に反しています．ところが，社会的生物の場合，自
分の属する集団には，自分に近い遺伝子を持つ個体が存在するため，集団を守ると，
自分に近い遺伝子を残せる確率が高くなります．それゆえ，生物は，自分の命を危
険にさらしてでも，ほかの個体を守ろうとする性質を獲得したというのです．

　人間の利他的行動もまた，社会的生物である人間が，進化によって獲得した本能
的な性質なのでしょうか．

📖　読書案内

鷲田清一『じぶん　この不思議な存在』講談社（講談社現代新書），1996 年

西研『ヘーゲル　大人のなりかた』日本放送出版協会（NHK ブックス），1995 年

熊野純彦『レヴィナス入門』筑摩書房（ちくま新書），1999 年

第 4 章

心について

　われわれは，みな，心を持っています．心は，自分にとって，何よりも身近で，何よりも明らかなものです．ですが，われわれの心は，ほかのさまざまな事物とは異なる，とても不思議なありかたをしているように思われます．

　哲学者たちは，人間の心という不思議な現象に注目し，心とは何かという問題に取組んできました．

　本章では，このような心をめぐる哲学的問題を考えていくことにします．

§1　心 と 身 体

心身二元論

われわれは，心と身体をあわせ持つ存在であり，両者は密接につながっています．ですが，これら二つのものは，まったく違うありかたをしています．

われわれの身体は，ほかの事物と同じように，物質によって構成されている物理的対象です．もちろん，身体は，生命を持った有機体という特別な存在ですが，物質によって構成され，物理的な法則に従って機能するという点では，電気製品のような生命を持たない道具と同じだといえるのです．

ところが，心は，これとは異なる特徴を持っています．心を特徴づけるのは，**意識**や**思考**のような現象ですが，これは，物理的な対象とはいえません．また，その働きも，物理的法則に従っているようには思えないのです．

それゆえ，多くの哲学者は，心は物質的なものではなく，非物質的なものなのだと考えました．たとえば，**デカルト**[B1]は，人間の心を，それだけで存立できる非物質的な実体だと考えています．デカルトによれば，この世界には，それだけで存立できるもの（**実体**）がありますが，それには種類があります．ひとつの実体は，物質的なものであり，それは三次元空間に広がっているという特徴を持っています（**延長**）．身体もまた，このような意味での実体です．ところが，デカルトによれば，心はそのような特徴を持たない非物質的な実体であり，その本質は「考える」という働きなのです（**思惟**）．こうして，デカルトは，心と身体が異質の実体であるとする**心身二元論**の立場を提示したのです．

ピュタゴラス[A1]や**プラトン**[A3]は，人間の心の本体は，**魂**という，身体とは独立の実体であり，死後は肉体を離れていくのだと考えています．こうした考え方は，**輪廻**と呼ばれ，インドの宗教哲学などにも見ることができます．

人間は心が操るロボットなのか

このような心身二元論の立場では，わたしの心は，わたしの身体を操る操縦

者です．つまり，人間とは，心という操縦者が乗り込んだロボットのようなものだということになるのです．ですが，このような説明では不十分なことは明らかです．というのも，もしそうだとしたら，人間という乗り物を操縦しているミニチュアの人間は，だれがどうやって動かしているのでしょうか．われわれは，たんに問題を先送りしたにすぎません．

　現在では，心を身体とは異質の非物質的実体と考える見方は否定されています．しかし，心を身体の操縦者とみなす発想は，いまでも強い力を持っているように思われます．

　じっさい，人間の行為の大半は**意志的行為**，すなわち，心のなかで何をしようかと考えて，**意志**の力で身体を動かしておこなう行為です．手を動かそうと心で思い，意志すれば，その通りに手が動きます．ですから，心とは，身体というロボットのようなものの操縦者だという考え方は，いまだに根深いのです．

メルロ＝ポンティの身体論

　ですが，心と身体の関係を，操縦者とロボットの関係に見立てることは，われわれの現実の身体体験に合致しないように思われます．メルロ＝ポンティ[C9]は，心身二元論に反対し，身体が持つ特別な意味に注目しました．たとえば，指を切って，痛みを感じるとき，われわれは，指に痛みを感じるのであり，脳に痛みを感じるわけではありません．あるいは，怖い目にあったとき，われわれは，身震いをして怖がります．われわれの心は，いわば身体全体に行き渡っているように思われるのです．身体とは，心が操る物体ではありません．心は身体のなかに浸透し，われわれは，身体全体を通して世界と接しているのです．

考えてみよう　心と身体は，別々のものでありながら，密接につながっています．心と身体が別のものだと感じたことや，逆に，両者がつながっていると感じたことがないか，自分の経験を振り返ってみましょう．

§2　脳とクオリア

脳と意識

　脳科学の発達した現代では，心に生まれる**意識**という現象は，脳が作り出したものにすぎないと考えられています．たしかに，科学的な研究は，脳の活動と，われわれの意識現象との間に，密接な関係があることを明らかにしてきました．現代では，多くの人々が，心を脳の物理的な働きとして説明することができると考えています．ですが，そこには，難しい問題があるのも事実なのです．というのも，科学的な説明とは，世界のなかで生じる物理的な現象を，物理的な法則や因果関係によって説明することですが，意識は，そうした物理的現象とは異なっているように思われるからです．

クオリアとは何か

　われわれの意識は，われわれが感覚する色や匂いなどの感覚的性質や，われわれの頭に浮かぶ思念などであふれています．現代の哲学では，こうした意識に現れる特殊な性質のことを，**クオリア**（感覚質）と呼んでいます．

　このクオリアは，物理的対象とはまったく異なる特徴を持っています．第一に，物理的対象は，わたしの心の外に存在する客観的なものですが，クオリアは，わたしの心のなかにしか存在しない**主観的**なものです．そして，第二に，物理対象は，わたしにもあなたにも共通に認識できる公共的なものですが，これに対してクオリアは，わたしだけにしか認識できない**私秘的**なものです．

　たとえば，わたしとあなたの前にリンゴが置かれていたとします．リンゴは客観的な物理的対象であり，それゆえ，わたしとあなたは，同じリンゴを見て，「これは赤い」という共通の判断を下すことができます．ところが，わたしの意識のなかに現われている赤さのクオリアは，わたしだけにしか経験することのできないものであり，あなたは，わたしのクオリアを経験できません．なぜなら，あなたが経験するためには，あなたの意識に現れる必要がありますが，

そのとき，すでにそれは，あなたのクオリアになっているからです.

　このように，わたしのクオリアとあなたのクオリアは，主観的で私秘的なものであるがゆえに，比較をすることができません. たとえば，同じリンゴを見ているとき，わたしの意識に浮かぶクオリアは赤で，あなたの意識に浮かぶクオリアは緑だったとしましょう. このとき，われわれは，互いのクオリアが違うものだということを知ることができるでしょうか.

いかにしてクオリアを説明するか

　意識が，クオリアによって作り出される主観的で私秘的な現象であるとしたら，客観的で公共的な物理的現象の説明に携わる科学は，どのようにしてそれを説明できるでしょうか.

　たとえば，コウモリのような，人間とはまったく異なる世界認識をする生物を考えてみてください. われわれは，コウモリの認知機能を科学的に解明して，コウモリの脳のなかでどのような現象が生じているかを，客観的に解明することができます. ですが，われわれが，いかにその説明を十分に理解しても，われわれが，コウモリの経験している意識の世界がどのようなものかを知ることは不可能であるように思われます.

　現代の認知科学の発達によって，人間の脳と認知の働きは，急速に解明されています. ですが，脳が意識という主観的現象を作り出すメカニズムが，十分に解明されているわけではありません. 科学的説明が，ほんとうに，意識のような主観的で私秘的な現象を十分に説明することができるかは，いまだ不透明な部分が多いのです.

　考えてみよう　他人の気持ちを理解することが，そのひとのクオリアを直接経験することでないとしたら，われわれは，どのようなとき，他人の気持ちを理解したといえるのでしょうか. 第3章での説明をもとに，考えてみましょう.

§3 心を持った機械を作ることはできるだろうか

コンピュータは心を持てるか

もし，脳がクオリアのような主観的性質を作り出せるのだとしたら，コンピュータのような機械にも作り出せるのでしょうか．そして，そのとき，機械は，人間と同じ心を持つことになるのでしょうか．

脳は神経ニューロンの結合体であり，意識とは，シナプスを伝達して引き起こされるニューロンの興奮のパターンを通して，ニューロン群が作り出す現象です．その情報処理の原理は，コンピュータの情報処理の原理とは異なっています．ですから，その情報処理の違いに注目するなら，少なくとも現在のコンピュータの仕組では意識を作り出すことはできず，意識は神経細胞によってしか作ることができない特殊な現象なのだと考えることもできるでしょう．

しかし，そう考えないひともいます．すなわち，心もコンピュータも情報処理をしている以上，仕組が違っていても，脳の機能をコンピュータの情報処理に還元し，脳と同等の機能を実現することができるはずだと考えるのです．

現在，コンピュータによるシミュレーションの技術が，急速に発展しており，人工知能の研究も盛んにおこなわれています．たとえば，最近では，プロとも互角に戦える将棋やチェスの対戦プログラムも作られるようになりました．こうしたプログラムが発展していくと，そのプログラムによって動くコンピュータも，いつかは，人間と同じように考えることになるのでしょうか．

チューリングテスト

この問題に答えるためには，そもそも「考える」とはどのようなことなのかが明らかでなければなりません．考えているといえるためには，どのような条件が必要なのでしょうか．

ひとつの有力な見解は，われわれの考えるふるまいと同じふるまいをコンピュータがするようになり，人間とコンピュータの区別がつかなくなったら，コ

ンピュータは考えているとみなせるという考え方です．たとえば，だれかが，人間のふりをするコンピュータと，端末を介してやり取りをして，人間なのかコンピュータなのか区別がつかなかったら，そのコンピュータは人間と同じように考えているとみなすのです（チューリングテスト）．ですが，このような条件は外面的なものにすぎず，考えるとはどのようなことかを明確にすることを避けているように思われます．

中国語の部屋

コンピュータは考えることができるという見方への批判として，「中国語の部屋」と呼ばれる，つぎのような思考実験があります．

部屋のなかに，中国語をまったく知らない人間がいる．部屋の扉の隙間から，中国語で書かれた質問が差し込まれる．彼は，その意味がまったくわからないが，部屋のなかには中国語応答マニュアルがあり，彼は，マニュアルに従って，機械的に答えを記し，質問者に返す．質問者は，部屋のなかにいる人は中国語がわかると思うはずだ．だが，なかのひとは，ほんとうに中国語を理解しているのだろうか．

たしかに，部屋のなかのひとは，中国語を理解していません．ですが，それゆえ，この部屋が中国語を理解していないと結論づけるのは，早計であるように思われます．なぜなら，部屋をひとつの全体として捉えるなら，それが中国語を理解しているかのようにみえることも確かだからです．

考えてみよう　「中国語の部屋」は，中国語を理解しているといえるでしょうか．もし，この部屋で起こっている情報処理のプロセスが，人間の心における理解のプロセスと異なるとしたら，その違いはどこにあるでしょうか．

▶▶ コラム　大乗仏教は心をどう捉えたか

　この章では，心をめぐる諸問題を，西洋哲学の視点から考察しましたが，東洋では，人間の心はどのようなものと捉えられてきたのでしょうか．ここでは，東洋の代表的な考え方として，大乗仏教の**唯識論**を見てみましょう．唯識論は，**アサンガ**[D3]と**ヴァスバンドゥ**によって体系化された心の理論であり，大乗仏教の基本的な考え方のひとつです．

　唯識論では，人間の心の働きとして八つの認識機能（**識**）を想定します．このうち，人間が意識できるのは，五つの感覚と意識だけで，その下には，**末那識**という潜在的な自己意識が存在し，自己への固執を作り出すとともに，さらに最も根底に，すべての識を生み出す**阿頼耶識**が存在しています．

　唯識論の考え方では，世界は，このような心の働きが作り出した幻のようなものにすぎませんが，心もまた確固とした実体ではありません．なぜなら，意識とは，たえず生まれては消えていく瞬間的な生滅の連続（**刹那滅**）にすぎないからです．

　大乗仏教の心の捉え方は，心を特別な実体とみなす西洋哲学の捉え方の対極にあるものだといえますが，現代になって**フロイト**によって提唱された**無意識**の存在を先取りする理論として評価することもできるでしょう．

📖　読書案内

柴田正良『ロボットの心　７つの哲学物語』講談社（講談社現代新書），2001 年

小林道夫『科学の世界と心の哲学』中央公論新社（中公新書），2009 年

戸田山和久『哲学入門』筑摩書房（ちくま新書），2014 年

第 5 章

人間存在について

人間は，世界のなかの存在者のひとつです
が，ほかの存在者とは異なる，独特な存在の
ありかたをしているように思われます．とい
うのも，人間は，ほかの事物や生き物とは異
なり，自分の存在を自覚し，自分のありかた
を自分で作っていく存在だからです．そのよ
うな人間存在とは，どのような特徴を持つも
のなのでしょうか．

本章では，この人間存在に焦点を当て，人
間存在のありかたを考察します．

§1　人間とはどのような存在か

実存とは何か

　人間は，ほかのさまざまな事物と同様に，世界のなかに存在する存在者のひとつです．われわれは，肉体を持った物理的な事物として存在しており，その意味では，ほかの事物と同じ存在者といえます．

　しかし，別の側面から見ると，われわれは，世界に存在するほかのどの存在者とも異なる，特異な存在の仕方をしているように思われます．われわれは，意識と思考を持ち，世界と関わりながら，自分の人生を生きる存在だからです．

　こうした，人間独自のありかたの特徴を無視しては，人間存在の本質は理解できないのです．

　こうした人間独自の存在のありかたに注目して，人間の存在は，**実存**と呼ばれています．実存とは**現実存在**の略語で，**本質存在**に対立する概念です．普遍的で必然的な本質によって規定される本質存在に対し，実存は，現実の世界のなかで，それぞれの人間が生きる具体的文脈において問われる存在なのです．

キルケゴールの実存哲学

　こうした実存という人間存在のありかたを，最初に強調した哲学者は，**キルケゴール**[C1]です．キルケゴールによれば，人間とは，自分自身の生き方を主体的に選び取っていく存在であり，そこに，人間にとっての真実があらわれます．

　それでは，人間は，どのような生き方を目指すべきなのでしょうか．流行を追い求めて，楽しく暮らす生き方（**美的実存**）は，結局は，空しさしかもたらしません．ですが，たんに楽しいだけの人生を否定し，正しく生きる人生（**倫理的実存**）を目指しても，現実とのギャップに絶望するだけです．そうした実存に対して，キルケゴールは，宗教的な生き方（**宗教的実存**）を提唱します．それは，自分のすべてをかけて神と直接向き合う生き方であり，そうした生のなかでこそ，人間は，真実の生き方を手に入れることができるのです．

サルトルの実存哲学

　サルトル[C8]は，人間は，あらかじめその本質が定められたものではなく，むしろ，個々人が生きていく過程で，自分の存在の本質を作り出していくのだと考えています（**実存は本質に先立つ**）．

　では，どうして人間は，あらかじめ本質を規定された事物とは違い，自分の本質を自分で作っていくことができるのでしょうか．サルトルによれば，それは，人間だけが，自由な存在だからです．人間は，自由に行為することができるがゆえに，自分の行為を自分で選び取り，それを通して，自分の本質を自由に規定していくことができるのです．

ハイデガーの実存哲学

　ハイデガー[C7]は，サルトルとは異なる視点から，人間の実存のありかたを考察しています．ハイデガーは，人間の存在を**現存在**（ダーザイン）と呼びました．ダーザインとは，「現に，そこにある」ということで，いま世界のなかに生きている人間そのものを意味しています．ハイデガーによれば，人間とは，ほかの生物とは異なり，自分が生きる世界を，自分が行為するための**関心**を通して経験し，自己のありかたをたえず意識しながら生きている存在です．彼によれば，人間は，通常は日常性に埋没して生きており，自己がいかにあるべきかを考えようとはしません．ですが，人間は，自分の未来の可能性を意識し，自分を変えていこうとすることによって，新しい自己の存在を手に入れることができるのです．

　考えてみよう　このセクションでは，人間の実存をめぐるさまざまな説明がなされましたが，自分自身の経験のなかで，思い当たることがないか，考えてみましょう．

§2 人間が生きる世界

生物にとっての世界

　人間が生きる世界の特徴を考えるまえに，まずは，生物にとっての世界について考えてみましょう.

　生物学者の**ユクスキュル**によれば，生物にとっての世界とは，それぞれの生物に特有の知覚世界です. その世界のありかたは，それぞれの生物が，どのように周囲の環境を知覚しているかによって決まります. たとえば，視覚ではなく，触覚や嗅覚によって対象を認識する生物にとっては，その世界は，われわれ人間の生きる世界とは，まったく異なっているのです. ユクスキュルは，そうした，それぞれの生物にとっての独自の世界を，**環世界**（環境世界）と呼んでいます.

　現代の心理学者**ギブソン**は，**アフォーダンス**という概念によって，生物にとっての環境の意味を捉えようとしています. アフォーダンスとは，環境が生物に提供（アフォード）するものであり，生物の行動を可能にしてくれるものです. たとえば，われわれ人間にとって，水とは，飲んだり，ものを洗ったりするためのものです. しかし，魚にとっての水は，呼吸や移動を提供するものであり，まったく異なる意味を持った環境なのです.

　人間をはじめとする生物は，みな，自分を取り囲む環境に独自の意味を見いだし，その意味ある世界のなかで生きているのです.

世界のなかで生きる人間

　人間にとって意味ある世界とは，人間から切り離された宇宙空間とか，人間の住まない原野や深海などではなく，人間がそこで生活している世界です. では，それは，ほかの生物の世界と比較したとき，どのような特徴を持っているのでしょうか.

　人間もまた，ほかの生物と同様に，環境に取り囲まれて，そのなかで生きて

います．しかし，自分の生存のために，自分がいま取り囲まれている環境に反応しているほかの生物と比べて，人間にとっての環境は，もっと複雑なものです．§1で述べたように，**ハイデガー**は，人間存在の特徴を，自己のありかたを意識しながら生きているところに求めました．われわれは，自分の身の回りにあるさまざまな事物を，そうした自分の生にとって意味あるものとして捉え，関わっています．そうした豊かな世界のなかに生きる人間を，ハイデガーは**世界内存在**と呼んでいます．

人間と風土

そのような世界に生きる人間にとっては，自然環境もまた，ほかの生物とは異なる意味を持っているように思われます．

和辻哲郎[D12]は，人間が生きる世界としての自然環境を，**風土**と呼んでいます．風土とは，人間の生活から切り離された自然ではありません．それは，人間がそのなかで生活をしていく場所なのであり，そこでは，自然と文化が融合し，人間的な生活環境を形成しています．

和辻によれば，こうした風土は，人々の生活形態だけでなく，人間の気質や価値観にまで影響を及ぼします．たとえば，西洋と東洋では，文化や価値観が大きく異なりますが，人間社会のそうした地域的な個性も，それぞれの地域に固有の風土が作り出しているというのです．

現代においては，人類の生産活動などによって，地球環境が大きく変化し，その悪影響は，人間そのものにまで及びつつあります．人間が生きる世界の意味を考え直すことは，現代においても重要な意味を持っています．

考えてみよう　和辻哲郎の風土論では，人間の気質やその文化は，風土によって作り出されます．それでは，われわれの存在のありかたは，風土という環境によって必然的に決定されてしまうのでしょうか．

§3 人間的な時間とは

時間的存在としての人間

　人間は時間を生きる存在です．人間以外の生物も，時間のなかを生きていますが，ほかの生物と人間では，その意味がまったく異なっているように思われます．というのも，自分が時間の流れのなかを生きているということを自覚し，自分の過去と未来を明確に意識しながら生きている動物は，人間だけだからです．時間的存在であることは，人間存在の核心にある事実だといってよいでしょう．

　キリスト教の哲学者アウグスティヌス[A8]は，被造物としての人間のありかたの特徴を，時間のなかにあることに求め，完全な存在である神のありかたと対比させています．すなわち，神は，時間の流れない永遠のなかに存在し，変化することも滅びることもありませんが，人間は，時間のなかにしか存在しえないものなのです．

ハイデガーの時間論

　では，人間がこのような時間的存在だという事実は，人間にとってどのような意味を持っているのでしょうか．

　すでに見たように，ハイデガー[C7]は，人間の存在を，世界のなかにある現存在として理解し，その特徴を，自己のありかたへの関心に求めました．この人間の関心を考えるとき，重要となるのが，人間が時間を生きる存在だという事実です．人間にとっての時間とは，客観的に流れていくような時間ではありません．人間は，自分がどのように生きてきたかという過去を了解し，そこから，未来においてどのような存在になるかを選択する存在であり，そのなかに，現在という時間が生まれてきます．

　このとき重要となるのが，自分が死ぬという可能性です．というのも，ハイデガーによれば，人間の究極的な可能性である死から逃げることなく，その可

能性を見据えながら生きることこそ，われわれが本来的な自分を取り戻すきっかけとなるからです．

セネカの時間論

古代ローマの哲学者セネカ[A7]も，人間の生にとっての時間の重要性を強調しています．セネカによれば，人間と時間の関係には，望ましいものとそうでないものがあり，望ましくない関わり方をすることによって，われわれは自分の人生を浪費し，短くしてしまいます．

彼によれば，多忙な生活をしている人間は，満足な時間を生きることができません．なぜなら，多忙な生活とは，時間を自分のためではなく，他人のために使う生活であり，自分の時間を他人に与えてしまう行為にほかならないからです．このように時間をないがしろにすると，われわれは，自分と向き合うことができなくなります．すると，われわれの心は，自分と見失ってしまうのです．セネカによれば，そのような人間は，未来にばかり期待をかけ，過去をないがしろにするようになります．結局，時間のあらゆる局面から，ほんとうの自分が消滅してしまうわけです．

では，このような状態から脱して，ほんらいの自分を取り戻すためにはどうすればよいのでしょうか．セネカによれば，われわれは，未来のほうを見ることをやめ，いまこのときを，自分のために生きなければなりません．そのためには，われわれは，過去の英知から学び，自分の現在を，過去につなげていく必要があります．こうしてはじめて，人間は，ほんとうの意味での豊かな時間を手にすることができ，人生を長くしていくことができるのです．

考えてみよう　ハイデガーやセネカは，人間にとっての時間の重要性を強調しています．自分にとって，時間とはどのようなものであり，どんな意味を持っているか，考えてみましょう．

▶▶▶ コラム　人間の本質はどのようなものと考えられてきたか

　本章では，人間存在のありかたをめぐり，その特徴が検討されました．サルトル
は，人間存在の本質を否定ましたが，多くの哲学者は，人間存在には，なんらかの
本質的な特性があると考えてきました．「人間とは何か」という問題は，昔から，
哲学者たちの関心を集め，その探求の主題となってきましたが，いずれにおいても，
人間存在のみが持つ，ほかの動物にはない特性が指摘されています．

　ホモ・サピエンス（知恵のある人間）：生物学者のリンネ（1707-1778）は，人類
の学名としてこの名を考案しましたが，その背後には，人間の特質を知的能力に見
ようとする人間観が働いています．同様の見方は，言葉を話す能力に着目した**ホ
モ・ロクエンス（話す人間）**という規定や，道具を用いて創造的活動をおこなう力
に着目した**ホモ・ファーベル（作る人間）**という規定にもあらわれています．

　ゾーオン・ポリーティコン（ポリス的動物）：アリストテレスは，人間存在の特
質を，社会性に見ています．すなわち，社会（ポリス）を形成し，そのなかで生き
ていく存在こそが人間なのです．

　ホモ・ルーデンス（遊ぶ人間）：ホイジンガ（1872-1945）は，人間の特質を，豊
かな文化的活動において捉え，その源流には，人間が遊戯をするという特質がある
と考えています．

📖 読書案内

仲正昌樹『ハイデガー哲学入門──『存在と時間』を読む』講談社（講談社現代新
　　　書），2015 年

佐々木正人『アフォーダンス入門』講談社（講談社学術文庫），2008 年

第 6 章

言葉について

　人間は，言葉を使う動物です．言葉は，人間的生活において，なくてはならないものであり，人間を人間たらしめている最大の特徴のひとつといえるでしょう．

　では，言葉とは，いったいどのようなものなのでしょうか．われわれは，言葉を使ってどのように世界を認識しているのでしょうか．また，言葉のやり取りをすることによって，互いに何を伝えあっているのでしょうか．

　本章では，このような言葉をめぐる哲学的考察を取り上げ，検討します．

§1 言葉の意味とは何だろうか

意味はどこにあるのか

　言葉の最大の特徴は，**意味を持つところ**にあります．言葉は，それ自体としてみれば，音や図形にすぎません．しかし，それは，たんなる音や図形とは異なり，何かを意味するという働きを持っています．たとえば，「イヌ」という音や文字は，日本語を解さない人にとっては，無意味な音や模様にすぎませんが，日本語を理解できる人には，それが犬という動物の種類をあらわしていることがわかります．言葉に意味するという働きがあるからこそ，われわれは，言葉を使って，何ごとかを言い表し，それを他者に伝えることができるのです．しかし，それは，言葉を理解できる者にしか生じない不思議な力です．いったい，意味は，どこに存在しているのでしょうか．

意味の心理主義

　ロック[B4]は，意味とは，その言語を理解する者の心のなかにある**観念**だと考えました．観念とは，われわれの心のなかに形成されたイメージのようなものです．たとえば，われわれは，いろいろな犬を見ることによって，心のなかに犬の観念を形成します．そして，「イヌ」という音声を，犬の観念と結合させることによって，その意味を理解するのです．

　すると，われわれが言葉を使ってコミュニケーションするときには，つねに，各人の心のなかに存在している観念が媒介項となって，意思疎通がなされていることになります．たとえば，だれかが「そのイヌは白い」と述べると，それを聞いたひとの心のなかに犬や白色の観念が生じ，それによって，そのひとは，この文を理解するというのです．このような考え方を，意味の**心理主義**といいます．

　ところが，考えてみると，それぞれのひとが持っている犬の観念（イメージ）は，みな違っています．それゆえ，われわれは，「イヌ」によって違うものを

思い浮かべていることになりますが，これでは，意味は同一にはなりません．さらにいえば，イメージできないようなものも，意味を持てなくなってしまうでしょう．意味とは，各人の心のあるイメージのような，主観的で私的なものではなく，むしろ，客観的で公共的なものでなければならないのです．

フレーゲの意味理論

　このような視点から，意味の心理主義を批判し，新しい意味の理論を提唱したのが**フレーゲ**です．フレーゲは，言葉が持つ意味とは，心のなかにあるのではなく，その言葉が指し示している指示対象なのだと考えました．そして，そのときの意味は，主観的に決まるのではなく，発言の文脈のなかで，客観的に決まるのだと考えたのです．たとえば，「その犬は白い」という文は，心のなかの観念を示しているのではなく，この文が真であるときには，じっさいに犬が存在していて，それが白いという性質を持っているという客観的な事態を表現しているのです．

　フレーゲは，こうした公共的な対象の与えられ方には，二種類あると考えました．たとえば，金星は，それが姿を現わす状況によって，「明けの明星」（フォスフォラス）とも「宵の明星」（ヘスペラス）とも呼ばれます．この二つの名前は，同一の対象（金星）を指し示していますが，目撃される状況の違いによって，違う名前で呼ばれるのです．このように，名前は，たんに指示対象を直接指し示しているだけでなく，その与えられ方も指し示しています（**意義**）．言葉の意味とは，われわれが文によって世界を表現するときに，われわれが共有している公共的なものであることになります．

> **考えてみよう**　フレーゲは，言葉が指し示しているのは，世界に実在する対象だと考えました．それでは，「ペガサス」のような実在しない空想上の動物を意味する言葉は，何を指し示しているのでしょうか．

§2 言葉を使うとはどのようなことか

世界の記述とコミュニケーション

§1では，言葉の意味がどこにあるのかを考えました．言葉は，世界に存在するさまざまな事物に対応し，世界のありさまを記述するための道具であり，意味とは，その対応関係を示すものだといえます．たとえば，「机の上に猫がいる」と述べるとき，われわれは，世界のなかに机があり，その上に猫がいるという事態が生じていることをあらわしていることになります．

このとき，言葉を使ったコミュニケーションとは，言葉というキャンバスに世界の姿を写し取り，その画像を他者に見せて，世界の様子を理解させるような行為であることになるでしょう．ですが，われわれが言葉によって他者とコミュニケーションをするあらゆる場面で，われわれは，ほんとうにそのようなことをしているのでしょうか．

オースティンの言語行為論

言葉とは，たんに世界を記述し，伝達するだけのものではありません．われわれは，言語を通して，さまざまな行為をしているのです．**オースティン**は，[C12]
このような観点から，**言語行為論**を提唱しました．

たとえば，あなたが部屋に入り，そこにいる誰かに「窓を閉めてください」と言うと，そのひとが窓を閉めたとしましょう．このとき，あなたは，この発言によって，どのような行為をしているでしょうか．まず，あなたは，音声を発して，「窓を閉めてください」という言葉を述べ，その言葉を述べることによって，相手に依頼という行為をしています．そして，その依頼によって，あなたは，相手に窓を閉めさせるという行為をしているのです．

このような言語行為は，事実を述べる発言とどこが違うのでしょうか．まず，言語行為で重要なのは，発言内容の真偽ではなく，発言者の意図です．そして，発言を聞く者に求められるのは，その意図を理解し，それに適切に対応するこ

となのです．言語行為によっておこなわれる約束や依頼や契約は，みな社会的習慣のなかでおこなわれます．それゆえ，言語行為においては，社会的習慣への適切な対応が重要となるのです．

ウィトゲンシュタインと言語ゲーム

ウィトゲンシュタイン[C6]は，言葉を，使用という側面から捉え，言葉の意味を理解しているかどうかは，言葉を使って円滑なコミュニケーションをできるかによって決まるのだと考えています．

では，言葉を使うとは，どのようなことなのでしょうか．ウィトゲンシュタインによれば，それは，言葉を使う者が，言語という公共的なルールに従うことにほかなりません．この言語という公共的ルールは，ゲームのルールのようなものだといえます．ゲームのルールは，そのゲームを円滑に進めるために決められていくものであり，ゲームの円滑な遂行という目的を離れて，ルールの客観的な根拠があるわけではありません．言語もこれと同じです．言語とは，コミュニケーションという社会的実践を成り立たしめるために存在するルールの束なのであり，われわれは，社会のなかでコミュニケーションをとるという実践を通して，そのルールを身に付けていくのです（**言語ゲーム**）．

言葉を使えるようになるとは，あらかじめ存在している正しい文法を記憶し，それに従うことではありません．われわれは，コミュニケーションという社会的実践のなかで，言語というルールへの適切な従い方を身に付けていくのです．

このように，言語のルールとは，コミュニケーションの実践のなかから生成し，実践によって維持され，実践のなかで変化していくものなのです．

考えてみよう　言葉には，言葉を使って世界を描写するという側面と，言葉を使ってなんらかの行為をおこなうという側面があります．では，この二つの側面は，無関係なのでしょうか．それとも，つながりがあるのでしょうか．

§3　言葉とメタファー

メタファーとは何か

　一般的な言語観では，言葉とは，さまざまな物事に対応する記号のようなものです．そして，われわれはその記号を使って，世界のありさまを，キャンバスに写し取るように，言葉によって写し取るのだと考えられています．そのような言語観に立つなら，われわれは，世界を忠実に記述できさえすれば，それで世界を理解できることになるでしょう．ですが，そのような考え方は正しいのでしょうか．ここでは，**メタファー**（隠喩）を題材にして考えてみましょう．

　メタファーとは，ギリシャ語に由来する言葉であり，**アリストテレス**はそれ[A4]を，「本来別のことをあらわす語を転用すること」と定義しています．たとえば，「きみは太陽だ」という表現は，文字通り，相手が太陽であると言っているわけではありません．「きみは太陽のような人だ」という意味であり，相手を太陽に似たもの（明るく輝いているもの）として，なぞらえているのです．

　このようなメタファーは，従来は，**レトリック**の一部として理解され，世界を客観的に記述するという言葉の本来の機能とは異なる，非本来的な用法だと考えられてきました．しかし，われわれは，そのような考え方を改める必要があります．というのも，じっさいには，メタファーとは，われわれが世界の姿を捉えて理解するために不可欠なものであり，われわれは，メタファーなしに，世界を十分に理解できないように思われるからです．以下，いくつかの例で考えてみましょう．

日常的なメタファー

　われわれの言葉は，日常的なメタファー表現に満ちています．それは，あまりに日常的なものなので，われわれは，それがメタファーであるということにすら，気づいていません．

　たとえば，「あのひとは明るい」とか「あのひとは暗い」という表現は，メ

タファー表現です．なぜなら，明るさや暗さは，視覚的な明度を表すものであり，人間の性格が，文字通りに視覚的な明るさや暗さを持つことはないからです．ですが，この表現は，人間の性格に関する特徴を，きわめて的確に表現しており，メタファーを使わずに同じことを述べようとしても，難しいのです．メタファーがあるからこそ，われわれは，ものの本質を的確に言い表すことができるように思われます．

科学におけるメタファー

　メタファー表現は，日常表現のなかに満ちあふれていますが，それは日常表現が世界の厳密な記述ではないからであり，自然科学の記述のような厳密なものであれば，そのようなものは必要ないと思われるかもしれません．

　ですが，じっさいには，日常的表現だけでなく，自然科学の言葉も，メタファーに満ちているのです．たとえば，「光は，粒子である」とか，「光は，波である」という主張は，メタファーと見なすことができるでしょう．なぜなら，光は，じっさいには，われわれが日常的に知っているような粒でも波でもないからです．われわれは，光の本性という，われわれの日常的経験からは理解しづらいものを，われわれが日常的に知っているものになぞらえて理解しようとしているのです．

　以上のように，メタファーは，われわれが世界を認識するために不可欠の働きであるように思われます．それは，われわれの世界の認識を，より効果的なものにします．そして，異なるものの間に，新しい相関関係を見いだし，われわれの世界の認識を，より豊かなものにしてくれるのです．

考えてみよう　言葉による表現は，メタファー表現で満ちあふれており，通常はメタファーだと気づかないようなものもたくさんあります．どのようなものがあるか，考えてみましょう．

> ▶▶▶ **コラム メタファー・メトミニー・シネクドキ**
>
> この章では，言葉で世界を認識するために不可欠の使用法として，**メタファー（隠喩）** が登場しましたが，これと並ぶ言葉の用法として，**シネクドキ（提喩）** と **メトミニー（換喩）** という二つの異なる用法が存在しています．
>
> シネクドキとは，類と種とか，グループとそのメンバーのような，全体と部分の関係にある語の間で成立するものです．たとえば，「卵丼」の卵は，卵全般ではなく，鶏の卵を意味しており，全体を表す言葉で部分を表現しています．逆に，「ごはん」は，米を炊いた食べ物だけでなく，おかずも含めた食事全体を表しており，部分で全体を表現しています．
>
> メトミニーとは，二つのものの間に密接な関連性があるとき，一方を他方の名前で表現する用法です．たとえば，「きつねうどん」は，きつねと油揚げの関連性から，そのように名づけられていますし，童話の「赤ずきん」は，いつも赤ずきんを身に付けている女の子を意味しています．だれかのことを，「ヒゲ」とか「メガネ」と呼ぶのも，その人物が持つ特徴に基づいたメトミニーです．
>
> こうした言葉の使い方には，われわれが言葉によって世界をどのように認識し，把握しているかが反映されています．これらの用法は，人間が言葉を使うときに，なくてはならないものなのです．

📖 読書案内

青山拓央『分析哲学講義』筑摩書房（ちくま新書），2012年

永井均『ウィトゲンシュタイン入門』筑摩書房（ちくま新書），1995年

瀬戸賢一『メタファー思考　意味と認識のしくみ』講談社（講談社現代新書），1995年

第 7 章

知識について

わたしたちは，日常的な出来事から，科学的な事実に至るまで，さまざまなことを知っています．しかし，知っていると思っていたことが，じつは間違っていたということは，しばしば起こることです．哲学では，誤ることのない確実な知識を探求してきましたが，そのような知識は，どのようにすれば手に入れることができるのでしょうか．

本章では，この確実な知識をテーマにして，知識の問題を考えていくことにします．

§1 われわれは知ることができるのだろうか

知っていることと信じていること

　何かを知っているといえるためには，そのことを信じている必要があるように思われます．たとえば，地球が丸いことを知っているひとは，地球がほんとうに丸いと信じていなければなりません．地球が丸いと知っているのに，ほんとうは丸くないと信じることは不可能であるように思われます．信じることは，知っていることの必要条件だといえます．

　ですが，たんに信じているだけでは，知っているとはいえません．たとえば，宇宙人の存在を信じているひとは，いかに強い確信を抱いていたとしても，知っているとはいえません．では，知っているといえるための，さらなる条件は何でしょうか．

知っているための条件

　ひとつの条件は，信じている命題（真偽を問うことのできる文）の内容が，真であることです．「宇宙人が存在する」という命題が真か偽かは明確ではなくても，ひとはこの命題を信じることができるでしょう．しかし，命題が真でなければ，知っているとはいえないように思われます．

　もうひとつの条件は，**根拠や証拠**があることです．一般に，ひとは，ある主張の信憑性を確かめたいときには，信頼できる根拠や証拠を求めます．たとえば，「宇宙人が存在する」という命題の場合には，じっさいに宇宙人を証拠として連れてくるとか，宇宙人が存在することを示す十分な科学的根拠を挙げるといったことです．そして，そのような根拠に十分に納得できれば，この主張を認めることでしょう．このように，命題の内容を知っているためには，根拠の提示によって，その正しさを立証する必要があるのです．

　これら二つの条件は，同じものではありません．なぜなら，根拠がないのに，たまたまその命題が真であることや，十分な根拠を挙げたのに，不可測の要因

で，その命題が真にならないことがありうるからです．

それゆえ，知っていることの条件は，① ある命題を信じていること，② その命題が真であること，③ 十分な根拠や証拠を挙げられることの三つであることになります．

懐疑主義

知っていることの条件が以上のようなものであり，それを絶対に満たしていなければならないとしたら，はたして，人間は知ることが可能なのでしょうか．多くの哲学者たちは，確実な知識を手に入れようとしてきましたが，人間が知識を手にする可能性を否定する**懐疑主義**の立場も存在しています．

懐疑主義の立場では，人間の認識の不完全性ゆえに，人間が絶対に誤りえない知識を手に入れることは不可能だと主張します．

われわれは，たくさんのことを知っていると信じており，その知識が誤りでないという確信を持っています．しかし，いかに強く確信していても，後になってから，それが誤りであることが発覚することは，いくらでも起こりうることです．

たとえば，近代以前の人々は，天動説が正しいと信じていました．しかし，現代では，それは誤りであったとされています．そうであるとしたら，いまわれわれが正しいと信じている現代の科学理論も，いずれは間違いであると判明する可能性があることにはならないでしょうか．

このように，懐疑主義の立場では，人間の認識の力の限界を強調し，人間が確実な知識を手に入れることは，原理的に不可能だと主張するのです．

考えてみよう 知っているといえるためには，三つの条件を満たす必要がありました．では，これらの条件を満たしていれば，かならず知っているといえるでしょうか．例外はないか，考えてみてください．

§2　確実な知識の基盤は何か

経験と知識

　§1に登場した懐疑主義の立場に対して，多くの哲学者は，人間は知識に到達することが可能だと考え，その根拠を示そうとしてきました．彼らがまず注目したのは，人間の経験の力でした．

　われわれは，世界のなかで，さまざまな経験をして，そこからさまざまな情報を手に入れ，知識を手に入れています．このように，知識とは経験を通して得られるものだとする考え方を，**経験主義**と呼びます．

　その代表といえる**ロック**[B4]の理論を見てみましょう．ロックは，人間が生まれたときには，その心はいわば白紙状態（タブラ・ラサ）であり，経験を通して，そこにさまざまな情報が書き込まれていくのだと考えています．たとえば，何かを見たり，聞いたりすると，その情報が，観念として心に書き込まれ，蓄えられていきます．そして，そうした観念が互いに結びつき，体系化していくことで，知識が形成されていくというのです．

　しかし，このような考え方が，懐疑主義から自由になることは，容易ではありません．たとえば，**バークリ**[B5]は，経験主義の立場から，われわれは，事物の存在を知ることはできず，「**存在するとは，知覚されていること**」なのだと結論づけました．また，**ヒューム**[B7]は，世界の**因果性**に関する懐疑主義的結論に至りました．われわれは，世界の出来事は，みな原因と結果の連鎖による因果関係によって生まれると考えています．しかし，ヒュームの考えでは，われわれは，二つの観念の間の連続しか知ることができないのです．

理性と知識

　哲学者たちは，経験主義がもつ，このような懐疑主義的傾向を拭い去ろうとして，理性の力を強調する**理性主義**の立場に立ちました．

　その代表的な哲学者は，**プラトン**[A3]です．プラトンは，われわれの知識が，感

覚を通した経験から生まれるということ自体を否定しました. 彼によれば, 感覚は, 不正確なために, 厳密で客観的な知識を生み出すことは不可能なのです. プラトンは, 知識は, 感覚とはまったく違う源泉, すなわち**理性**から生じてくるのだと考えました. プラトンによれば, 人間の感覚の能力と, 理性の能力は, まったく異なる能力であり, その対象もまったく異なっています. すなわち, 感覚が, 感覚的世界の情報を把握するのに対して, 理性は, 感覚的世界とは違う世界を把握するのです. 彼は, 理性によって把握される, 感覚的世界を超えた認識対象を**イデア**と呼び, このイデアを認識することによって, 人間は知識を手に入れることができるのだと考えたのです.

絶対確実な知

デカルト[B1]も, プラトンと同様に, 理性の力を強調し, われわれは絶対確実な知識の基盤を持てるのだと主張しました. そのために, デカルトは, すべてを疑ってみるところから出発しました.

まず, われわれの感覚は, しばしばわれわれを欺くので, 信頼できません. また, われわれは, 自分が手足と身体を持っていることは確かだと考えていますが, 夢を見ているかもしれないから, それも幻かもしれません. 数学の真理すら, もしかしたら神がわれわれを欺いて, 間違ったことを真理だと思わせているかもしれないのです. こうして, 懐疑を進めた結果, デカルトは, ついに絶対的な知の基盤にたどり着きます. すなわち, すべてを疑っているわたし自身の存在です. こうして, デカルトは,「わたしは考える. だから, わたしはある」という絶対確実な知に至りついたのです.

考えてみよう　経験主義と理性主義の立場には, それぞれ問題点があるように思われます. 経験主義の問題点は指摘されましたが, それでは, 理性主義の問題点はどこにあるでしょうか.

§3　どうやって知識を発見するか

知識の発見は偶然か

最後に，どうすれば知識を発見できるのかという問題を考えましょう.

われわれが何かを知るとき，たいていの場合は，すでに存在しているなんらかの情報源から，知識を手に入れています. ですが，どのような知識であれ，最初は，だれも持ってはいませんでした. それは，あるとき，だれかによって発見されたものなのです. われわれは，どのようにして，それまで知らなかったものを知るようになるのでしょうか.

これはとても難しい問題です. というのも，たいていの場合，われわれが新しい知識を手に入れるのは，たんなる偶然にすぎず，知識を手に入れる方法など存在しないように思えるからです.

たとえば，古代ギリシャの科学者**アルキメデス**は，入浴したときに水があふれるのを見て，浮力の原理を思いつきました. 彼は，必然的な論理的推論によってではなく，偶然によって知識を発見したのです. これと同じように，科学上の大発見は，たいていは，ささいなきっかけから，偶然発見されています.

演繹法と帰納法

知識に至るための方法として，伝統的には，**演繹法**（deduction）と**帰納法**（induction）という二つの方法が知られています.

演繹法とは，前提から結論を導き出していく方法です. たとえば，**三段論法**という方法では，下の例のように，大前提(1)と小前提(2)という二つの前提から，結論(3)が導き出されますが，前提が真であれば，結論も必然的に真となります.

(1) 日本人はみな勤勉だ.　(2) Aさんは日本人だ.　(3) Aさんは勤勉だ.

ですが，このとき，前提(1)が真であることは，どうすればわかるのでしょうか. 演繹法では，前提が真であること自体を証明することはできません.

　(1)のような普遍的事実を，経験的な観察から発見するのが，帰納法です．た
とえば，Aさん，Bさん，Cさん……とたくさんの日本人のサンプルを集め，
すべての人が勤勉であれば，(1)が真だと見なすのです．

　この帰納法は，経験的な知の発見方法として，ベーコン[B2]などによって理論化
されたもので，日常的にもよく使われるものです．しかし，演繹法のように，
確実な方法ではありません．なぜなら，こうした経験的事実には常に例外がつ
きまとい，必然的な法則にすることは難しいからです．

アブダクション

　パース[C13]は，科学的発見のために重要な論理として，通常の論理とは異なる，
アブダクション（仮説形成）と呼ばれる論理を提唱しています．これは，演繹
法や帰納法とならぶ論理的推論の形式であり，与えられた帰結をもっともよく
説明する仮説を推論する方法です．たとえば，つぎの推論を見てください．

(1) 日本人はみな勤勉だ．　(2) Aさんは勤勉だ．　(3) それなら，Aさんは日本人だ．

　厳密な論理的推論では，(1)(2)から(3)の結論は生まれません．その意味では，
(1)(2)から(3)を結論するのは，論理的に間違った推論です．しかし，これは，わ
れわれが新しい発見をするときには，なくてはならない推論なのです．

　アブダクションは，通常の論理を超越していますが，新しい知識の発見は，
このような論理に基づいてなされているように思われます．人間の知性は，あ
る意味で，論理を超えており，そのようなものだからこそ，創造的なものだと
いえるのです．

考えてみよう　われわれがものを考えるときに使っている創造的発見のための方
法は，帰納法やアブダクションだけではありません．ほかに，どのようなものがあ
るか，考えてみてください．

▶▶▶ コラム　現代の発想法

　本章で明らかになったように，知識の発見は，純粋な論理を超えており，そのための明確な方法がありません．では，純粋な偶然に頼るのではなく，知識に少しでも近づきやすくなるための方法は存在するのでしょうか．現代では，知識に近づくための**発想法**と呼ばれるさまざまな方法が提案されています．

　日本で普及している発想法として，**KJ法**をあげることができます．これは，文化人類学者の川喜田二郎によって考案された発想法で，自由にアイデアを書きとめたカードをグループ化していき，そこに新しいつながりを見つけて，新しいアイデアの創出に結びつけようとする方法で，特に，グループで問題を解決したり，アイデアを考えたりするのに有効な方法です．

　海外では，**マインドマップ**のような方法も普及しています．これは，図にあるように，中央のテーマについて，アイデアをつぎつぎに枝分かれさせて，発想を広げていく方法です．

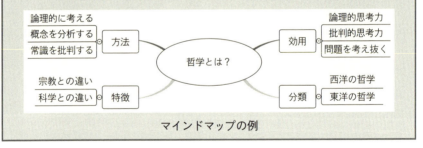

マインドマップの例

📖　読書案内

山下正男『論理的に考えること』岩波書店（岩波ジュニア新書），1985 年

松枝啓至『懐疑主義』京都大学学術出版会，2016 年

戸田山和久『知識の哲学』産業図書，2002 年

第 **8** 章

真理について

哲学は，その始まり以来，世界の真理を探求してきました．ですが，そのような真理など，ほんとうに存在するのでしょうか．あるいは，それが存在したとしても，われわれは，それを正しく捉えることができるのでしょうか．現代の哲学者たちは，絶対的真理があるという考え方には懐疑的であり，現代における真理観は多様化しています．

本章では，真理をめぐる多様な捉え方を確認するとともに，その現代的な意味について考察することにします．

§1 真理をめぐる多様な捉え方

真理の対応説

　真理とは何であるのかに対して，哲学者たちはさまざまな考え方を提示して
きました．ここでは，まず，伝統的な真理観の代表的なものを見ていくことに
しましょう．

　まず，最初に登場する真理観は，「**真理の対応説**」とか，「**真理の同一説**」な
どと呼ばれている考え方です．この真理観では，世界には一定の姿があり，そ
の姿を人間が認識によって捉えることができれば，それが真理であると考えま
す．世界の姿とは，「今日は晴れている」とか，「三角形の内角の和は180°で
ある」といった，世界で存立している事態や事実のことであり，そこには，日
常的な経験的事実から，宇宙の姿を説明する科学的事実まで，さまざまなもの
が含まれています．この真理観に従えば，たとえば，今日じっさいに晴れてい
て，わたしがその事態を認識し，「今日は晴れている」と言葉で表現すれば，
それが真理であることになります．

　アリストテレスは，このような発想から，真理を「存在との一致」と定義し
ています．また，**ハイデガー**は，真理とは，世界の真実の姿が人間に明らかに
なることだと考えています．ハイデガーによれば，そもそもギリシャ語の真理
（アレーティア）とは，覆いを取り去ることです．すなわち，われわれの目から
隠れていた世界が，覆いを取られて，そのほんとうの姿をあらわにすることこ
そ，真理にほかならないのです．

真理の明証説

　真理とは事態や事実との一致であると考えるとき，われわれは，この世界に
は，人間の認識に依存しない客観的な姿があって，その姿を認識によって正し
く写し取ることができると考えています．しかし，考えてみれば，そのような
客観的な姿が存在するということは，かならずしも明白なことではありません．

また，かりにそのようなものが存在したとしても，われわれは，それを言葉によって完全に写し取ることができるのでしょうか．

このような疑いを持つ哲学者たちは，真理を，世界と認識との一致ではなく，人間の認識の側に存立する事態として理解しようとします．たとえば，**フッサール**は，主観の意識を離れたところに，主観から独立に存立する実在を想定しません．彼にとって，真理とは，意識の外に独立して成り立つものではなく，意識のなかに，対象が十分に明証的に現れていることにほかならないのです．

これと同様の考え方を，**デカルト**も採用しています．彼にとっては，知識の基準は，心が「**明晰かつ判明に**」把握していることであり，このとき，われわれは真理を把握したといえるのです．

真理の整合説

真理を，人間の知性の特徴として捉えようとする立場には，明証説とは異なる発想で，真理を捉えようとする考え方もあります．それによれば，真理とは，「つじつまが合っていること」にほかなりません．すなわち，ある事柄について，われわれが抱いているさまざまな信念の束が，お互いに矛盾をきたすことなく，全体として整合的になっていれば，真理だと考えるのです．

このような考え方をとるとき，真理は，世界とのつながりを失うことになるでしょう．この考え方では，われわれは世界の側との対応関係を考える必要はありません．真理とは，われわれの心にある信念体系が整合的であるという，信念が持つ論理的な性質にほかならないのです．こうして，真理は，世界の側ではなく，人間の側に存立する，人間的な概念となるのです．

考えてみよう　このセクションでは，真理をめぐる三つの説が登場しました．それぞれの考え方は，どこが共通し，どこが相違しているでしょうか．また，それぞれの利点と問題点がどこにあるのか，具体的に考えてみましょう．

§2 真理は相対的なのだろうか

プラグマティズムの真理観

§1で列挙された考え方とは，まったく違う発想に立つ真理観もあります．**プラグマティズム**では，真理を，社会や個人の生活と密接に関連した，ダイナミックなものとして理解しようとします．

たとえば，**パース**[C13]は，科学的な真理とは何かを考察しました．彼によれば，それは，ひとりの人間によって一挙に発見されるようなものではなく，科学的な探求者たちの共同作業のなかで進展していく，共同体的な営みなのです．

これに対して，**ジェームズ**[C14]は，真理の概念をさらにラディカルに変容させています．すなわち，彼によれば，真理とは，われわれが行為し生きていくうえで，個人や社会にとって有用な信念のことなのです．

このように，プラグマティズムの真理観では，真理を，世界との一致や，人間の知識の状態とみなす伝統的な真理概念は否定されることになります．真理とは，人間の営みから独立した客観的なものではなく，むしろ，人間の営みが作り出していくものなのです．

真理の相対主義

ジェームズは，真理を，世界との関係においてではなく，われわれが生きている文脈のなかで理解しました．この場合，真理とは，唯一絶対的なものではなく，われわれの見方によって変化する，多様なものだということになるでしょう．現代では，真理は相対的だと考えるひとが増えていますが，哲学においても，**真理の相対主義**は，ひとつの真理観として理論化されています．

現代における真理の相対主義を考えるときに重要なのが，**フレームワーク**という考え方です．フレームワークというのは，われわれが何かを認識するときに働く，認識の枠組のことです．相対主義では，われわれは，言語や文化などのさまざまなフレームワークに影響され，それを通して世界を見ていると考え

ます．たとえば，西洋の文化のなかにいる人間と，東洋の文化のなかにいる人間では，社会的，文化的な枠組が大きく異なりますから，それが両者の判断や行動にさまざまな影響を与え，ものの見方を変えてしまうというのです．

パラダイム論

　相対主義では，こうしたことは，文化的現象であるだけでなく，科学のような客観的で普遍的な知的探求においてもみられる現象だと考えています．

　たとえば，**クーン**は，科学的真理とは，特定の時代において，特定の枠組を共有する人々によって信じられ，維持されている理論のことだと考えました．この科学的な枠組のことを，クーンは**パラダイム**と呼んでいます．

　たとえば，天動説と地動説という二つのパラダイムを考えてみましょう．両者は，世界の中心が地球か，太陽かという二つの異なる世界観をもとに組立てられた理論的枠組です．クーンによれば，近代になって，天動説から地動説への移行（パラダイムシフト）が起こったとき，そこで生じたのは，連続的な変化ではなく，ひとつのパラダイムを捨てて，別のパラダイムに移るという，科学者たちの世界観の変化だったのです．

　このように，真理の相対主義は，われわれの世界観や価値観の多様性に敏感な立場であり，現代の価値多元的な社会に親和的です．しかし，真理の相対主義は，われわれを思考停止に落とし入れ，他者に対する無関心を作り出してしまう危険性も持っています．われわれは，他者のものの見方や価値を認め，尊重しなければなりませんが，それと同時に，違いを超えた相互理解を模索しなければなりません．

考えてみよう　真理の相対主義では，それぞれのひとは，みな異なるフレームワークを持つがゆえに，真理はみな相対的なものだと主張します．それでは，「すべての真理は相対的だ」という主張は，絶対的な真理なのでしょうか．

§3 真理は人間によって作られるのだろうか

真理と人間

　これまで見てきたように，真理概念の歴史は，真理の人間化の歴史であったといえるように思われます．世界と認識の一致という当初の真理概念は，しだいに，人間の思考の整合性をめぐるものになっていきました．こうした真理の人間化は，結局，真理とは人間にとって正しいと思えるもののことだという，相対主義に至ることになります．相対主義の考え方においては，真理とは，客観的な世界の姿を人間の認識が写真のように写し取ったものではなく，いわば，それぞれの人間の枠組を通して，世界を加工したものです．真理とは，人間の認識が，自分の目的のために作り出したものなのかもしれません．

　最後に，このような，真理とは人間によって作られるものだという考え方を検討することにしましょう．

ニーチェの遠近法

　こうした考え方の端緒となったのが，ニーチェ[C3]です．ニーチェは，真理とは，絶対的なものではなく，**遠近法**によって描かれた絵画のようなものだと考えました．すなわち，それは，特定の視野から見られた姿を描いたにすぎず，立場をかえれば，まったく別の姿になりますが，真理もまた，そうした遠近法的なものだというのです．ニーチェによれば，人間は，自分の視点から勝手に価値を作り出し，それを絶対的なものだと信じ込んできるにすぎないのです（パースペクティヴィズム）．

　ニーチェは，こうした視点から，彼が生きた西洋社会を支配していたキリスト教の倫理観を，迫害された弱者の作り出した弱者の倫理だとして，批判しました．ニーチェにとっては，隣人愛や禁欲主義などに代表されるキリスト教の倫理は，普遍的な真理でも，絶対的な真理でもなく，弱者が強い者たちに対する恨み（ルサンチマン）によって作り出した価値にすぎないのです．

このように，ニーチェの考えでは，真理とは，一般に信じられているような中立的で静的なものではなく，社会におけるさまざまな利害関係のなかで，力の抗争によって生まれてくる動的なものなのです．

フーコーの真理論

フーコーは，このようなニーチェの発想を受け継いで，西洋における真理の[C16]姿を探求しました．フーコーもまた，相対主義的な立場に立ち，真理とは，そのときどきの共同体によって作られ，維持されていくものであると考えています．何をもって真理とするかは，時代や社会によって異なっており，科学的なパラダイムと同様に，その時代の人々に共有される枠組によって決定されます．フーコーは，そのような知的枠組を**エピステーメー**と呼び，それぞれの時代におけるエピステーメーのありかたを描き出そうとしました．

フーコーによれば，特定の時代に作り上げられ共有される，真理という信念の束は，その社会独特の**制度**を作り出し，規律化と規格化をもたらして，人々を**支配**する政治的な権力として機能するようになります．西洋近代においては，そうした権力は，生命や身体の規律化に向けられ，人間の生命と身体を支配する力を持つようになります（**生権力**）．そして，そのような権力によって，生命と身体を支配するためのさまざまな制度が作られていったのです．

フーコーによれば，そうした制度のさきがけとなったのは，近代に誕生した監獄のシステムです．そして，このような規律化された統制のシステムが，工場や，病院や，学校といった，近代に特徴的な管理のシステムに発展していったのです．

考えてみよう　フーコーは，西洋社会における，生権力による規律と統制の問題を考察しましたが，西洋文化を輸入した日本社会でも，同様の現象は起きていないでしょうか．日常的な経験から，考えてみましょう．

▶▶▶ **コラム　フーコーとパノプティコン**

　フーコーは，近代的真理の特質を，生命と身体の規律化・規格化と支配に求め，その源に，監獄というシステムがあると主張しました．そうした近代的な監獄システムとして，彼が注目したのが，**パノプティコン**（一望監視装置）です．
　パノプティコンとは，**ベンサム**が考案した監獄の監視システムで，独房を円形に
[B11]

並べた円環状の建物の中央に監視塔を配置し，すべての囚人を一望できるようにした監獄です．重要なのは，看守の姿が，囚人からは見えないようになっていることです．これによって，囚人は，自分がつねに監視されているという意識にとらわれ，監視されていなくても，みずからが監視者となり，自分の行動を規律づけるようになるのです．
　フーコーは，近代社会では，こうした巧妙な監視と規律化のシステムが，いたるところにはりめぐらされているのだと考えています．

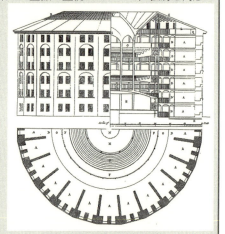

パノプティコンの設計図
The Works of Jeremy Bentham Ⅳ
（Russel & Russel 1962）

📖　**読書案内**

伊藤邦武『プラグマティズム入門』筑摩書房（ちくま新書），2016 年
貫成人『真理の哲学』筑摩書房（ちくま新書），2008 年
桜井哲夫『フーコー　知と権力』講談社，2003 年

Ⅲ　世界と存在

第 9 章

存在と無について

この世界が存在することは，確実で疑えない事実であるように思えます．しかし，世界が，われわれの見ている幻のようなものではなく，実在しているのだということを，われわれは，どうすれば知ることができるのでしょうか.

もし世界が実在していないとしたら，それは無なのでしょうか．ですが，無とは存在の否定であり，存在の対極にある状態です．そのような状態が，ほんとうに成り立ちうるのでしょうか.

本章では，このような存在と無をめぐる問題を考察していきます.

§1 実在とは何か

素朴実在論

哲学者たちが世界の知的探求を始めたとき，まず問うたのは，「ほんとうに存在するもの」（実在）は何かという問題でした．

古代ギリシャの自然哲学者たちは，実在するものとは，経験される世界，すなわち感覚によって捉えることのできる物質的な世界だと考えました．彼らにとって，実在とは，われわれがじっさいに手に触れて，それがあることを実感できる物質的なものなのです．このような実在観は，われわれの日常的な経験に合致する常識的な考え方であり，**素朴実在論**と呼ばれています．

しかし，このような素朴な実在観には，疑問が投げかけられてきました．

第一に，感覚は，ほんとうにわれわれに実在の姿を教えてくれるでしょうか．対象が持つ感覚的な性質は常に変化しており，恒常的なものではありません．たとえば，温かいものは，しだいに冷えていき，冷たいものに変化します．温かいという性質は，恒常的な存在であるべき実在がもつ特徴とはいえないのです．

第二に，世界に存在する事物は，たとえば机や椅子などのように，なんらかのまとまりを持つものとして存在しているように思われます．机や椅子を，たんなる物資の塊ではなく，机や椅子として認識するためには，感覚以上の能力が必要なのではないでしょうか．

イデアと実在

ここから，哲学者たちは，実在とは，感覚では把握できず，むしろ知性の働きによって把握される対象なのだと考えました．というのも，知性であれば，感覚の背後にある恒常的なものを把握して，物質の塊にすぎないものを，机や椅子のようなまとまりとして認識させてくれるように思えるからです．

たとえば，**プラトン**[A3]は，われわれが知性で把握する知的な対象を**イデア**と呼び，それこそがほんとうの実在だと考えています（第7章§2）．たとえば，こ

の世界に存在している机は，たえず変化し，いずれは壊れてしまうものですから，実在の基準を満たしません．しかし，知性によって把握される机のイデアは，変化することも，壊れることもありません．それゆえ，プラトンの考えでは，実在は，この感覚される世界ではなく，それとはどこか別の世界に存在するものだということになるのです．

形相と質料

アリストテレスは，経験的世界の実在性を保証するために，イデアとは異な[A4]る形相（けいそう）という原理を考案しました．アリストテレスによれば，この世界に存在しているものは，質料（しつりょう）と形相という二つの要素が結合して成り立っています．質料とは，ものの原料となる物質のことですが，それが「もの」になるためには，そこにかたちが与えられる必要があります．たとえば，机は木材という材料がなければ成立しませんが，木材を集めただけでは，机という存在者は成立しません．木材が机のかたちに組立てられて，はじめて机として存在するようになるのです．このように，アリストテレスの考えでは，ものが実在するには，たんにそれが物質から出来ているというだけでは不十分であり，そこに，かたち（形相）という原理が与えられなければならなりません．

これと似た発想は，東洋哲学にも見られます．朱熹は，世界に存在するすべての事物の存在を，理と気という二つの原理によって説明しようとしました（理気二元論）．彼によれば，事物を作る物質的原理が気であり，この原理によって素材とその運動が生まれますが，その運動を統制する理という原理が働いて，はじめて，ものはものとして存立することができるのです．

考えてみよう　アリストテレスによれば，存在するものは形相と質料から成り立っています．では，机の質料である木材には，形相があるでしょうか．そのとき，木材の質料とは何でしょうか．

§2　実在はほんとうにあるのだろうか

経験を超えた実在を捉えることはできるか

　われわれは，われわれの経験する世界がほんとうに存在すると信じています．しかし，われわれの認識能力によって，実在といえるものを捉えることができるかどうかは，それほど明確なことではありません．

　プラトン[A3]をはじめとして，多くの哲学者たちが，感覚によって捕らえられる経験的世界を，人間の意識が作り出した仮象（ほんとうは存在しない幻のようなもの）であると考えてきました．たとえば，カント[B8]は，われわれの感覚的認識は，人間特有の認識の仕組みに基づいており，そこに現れる世界は，現象の世界であり，世界の真実の姿（物自体）ではないのだと考えています．

　カントのように，人間によって認識されるものは，世界そのものではなく，人間の認識の枠組によって構成されたものにすぎないのだと考えるとき，人間の認識と実在との間には，大きな隔たりが生じることになります．すでに見たように，アリストテレスは，世界には形相というものが存在しており，われわれがその形相を認識することによって，実在の姿を把握できるのだと考えました．ですが，考えてみれば，机とは人間が作り出した概念であり，人間が存在する以前から，世界に存在していたものとは思えません．だとしたら，われわれが実在だと信じているものは，みな，われわれの頭が概念的に作り出したものだということにはならないでしょうか．

インド哲学の考え方

　このような世界観は，東洋では珍しいものではありません．とりわけ，インド哲学では，世界が実在することを否定する傾向があります．

　たとえば，仏教の思想家ナーガールジュナ[D2]によれば，この世界には，固有の本性を持った実在などは存在しません．すべては，何かとの関係のなかで，ほかのものとの縁を原因として生起してくるものであり（縁起），すべてのものが，

互いに依存しあって存在しているのです．この世界には，何も実在していないという世界観は，空の思想と呼ばれています．

同様の発想は，ヴェーダーンタ学派に属するシャンカラの不二一元論[D4]にも見ることができます．シャンカラによれば，世界の原理であるブラフマンのみが実在であり，われわれの世界は，無知によって生じた幻影にすぎません．

インド哲学では，われわれの経験する世界を，実体のない幻のようなものとみなし，そのような仮象ゆえに，われわれは，世界の実相を知ることができないのだと考える傾向があります．人間は，そのような状態を脱して，世界の真実を認識し，悟りを得ることによって，宗教的な救いを得られるのです．

純粋経験

実在を，西洋哲学とは異なる視点から理解しようとした考え方もあります．古代ギリシャ哲学以来，ヨーロッパの哲学では，人間の認識（主観）の外側に，認識される実在（客観）を想定し，主観が客観の姿を認識するという主客二元論の立場をとってきました．

西田幾多郎[D11]は，実在をめぐるそのような枠組を批判しました．彼によれば，ほんとうの実在とは，主観と客観が分裂してしまう以前の主客未分の状態において姿をあらわすものなのです．西田は，そうした精神の状態を，ジェームズ[C14]にならって，純粋経験と呼びました．たとえば，われわれが，音楽に心を奪われて聴き入っているとき，わたしの意識は音楽と一体化し，区別することができません．西田によれば，真の実在とは，このような純粋経験によってのみ捉えることのできるものなのです．

考えてみよう　西田幾多郎の言う純粋経験とは，われわれが日常的におこなっている経験であり，その経験から，主観と客観が分裂した状態が生まれます．それは具体的にどのようなことか，自分の経験をもとに考えてみましょう．

§3　無はあるのだろうか

無に対する態度

　古代ギリシャ人は，存在，すなわち，何かがあるという事態を重視し，それを解明することが重要だと考えましたが，その裏返しとして，何もないという事態，すなわち無を恐れました．彼らにとって，無という状態は理解することができないものであり，世界を否定するようなものだったのです．

　こうした古代ギリシャ人たちの無への恐怖は，無を基盤として世界を捉えようとした東洋の発想とは対照的です．すでに見たように，インド哲学では，無の状態は，世界の基本的な状態であり，宇宙や世界は実在しないものと捉えられる傾向にあります．ところが，存在の概念を中心とする西洋哲学では，無を語ることは，タブーだったのです．

無を否定したパルメニデス

　こうした傾向は，西洋哲学の始まりのころから明確に現れていました．自然哲学者たちは，世界には，何もない状態（空虚）は存在せず，世界は存在するもので満ちていると考えていました．

　パルメニデス[A1]は，この発想を徹底化し，独自の方法論に基づく，存在の哲学を作り出しました．パルメニデスによれば，われわれが思考できるのは，「あるもの」だけであり，「ないもの」は語ることも考えることもできません．それゆえ，彼は，世界をめぐる知的探求から，「ない」という言葉を排除しようとしました．パルメニデスによれば，われわれが感覚を頼りにして世界を探求しようとすると，「ない」の餌食になってしまいます．なぜなら，感覚で捉えられるものは，みな変化するものであり，変化とは，「ある」から「ない」へ移行することにほかならないからです．こうして，パルメニデスは，ほんとうの実在は，運動も変化も，まったくしないものなのだと考えたのです．

原子論と無

　無に対するこのような態度を真っ向から否定し，無の存在を認める立場も，古代ギリシャで登場しています．すなわち，**原子論の哲学**です．

　デモクリトス[A1]は，この世界に存在するものは，「あるもの」と「ないもの」の二つだという逆説的な考え方を提示しました．「あるもの」というのは，世界の基本的な構成単位となる**原子（アトム）**であり，「ないもの」というのは，そのアトムが飛び交うための**空虚（ケノン）**のことです．この世界観は，現代の原子論の原型となるものであり，デモクリトスはここで，何も存在しない空間（真空）を想定しているように思われます．

現代科学における無

　何も存在しない空間という考え方は，原子論が近代に復活し，科学的な世界観の基盤になることで，常識として定着していきました．ですが，空間のなかには，ほんとうに何も存在していないのでしょうか．

　現代の量子物理学では，真空のなかにも，それ以上取り除くことのできない最少のエネルギー（ゼロ点エネルギー）が存在しており，そのゆらぎによって，真空のなかから粒子が生まれてくるのだと考えています．真空とは，たしかに，物質がすべて取り除かれた，何もない空間ですが，そこは，じつは物質のもとになるもので満たされていることになります．それは，ものが存在することを可能にする場ともいえるものであり，存在と矛盾するものでも，存在を否定するものでもありません．その意味で，存在は無を必要とし，無に支えられていると言うこともできるでしょう．

　考えてみよう　無を肯定する哲学者たちは，無が存在するという，一見すると矛盾した主張をしています．無が存在するとはどんな意味なのか，本章での説明をヒントにして考えてみましょう．

> ▶▶▶ **コラム　バーチャル・リアリティの世界**
>
> 　この章では，実在と仮象の間の区別がひとつのテーマでしたが，現代においては，コンピュータ・シミュレーションの技術によって，仮象をあたかも実在であるかのように認識させる**バーチャル・リアリティ（仮想現実）**と呼ばれる技術が登場し，現実と仮象の境界線がますます曖昧になりつつあります．
>
> 　バーチャル・リアリティのシステムを使えば，目の前には存在していない遠隔地の様子とか，コンピュータによって作られた仮想的な世界を，ゴーグルなどのデバイスを装着して，あたかも目の前に現実に存在するかのように，見たり，触ったりすることが可能となります．
>
> 　このバーチャル・リアリティの技術は，さまざまな専門的訓練や，学術研究，あるいは医療などの場面で使われてきましたが，近年では，社会全体に急速に普及しています．たとえば，芸術作品や歴史的遺物の姿を，まるで目の前に存在するかのように体験できるシステムとか，まるで自分が実際にその場にいるかのような，リアルな体験のできるゲーム機などです．バーチャル・リアリティの技術は，将来さらに発達していき，われわれの日常生活に溶け込んでいくと予想されます．
>
> 　このように仮想と現実の区別が薄れていくとき，現実に対するわれわれの考え方はどのように変化するでしょうか．われわれは，現実も幻も同じようなものだと考えるようになるのでしょうか．

📖　読書案内

八木沢敬『分析哲学入門』講談社（講談社選書メチエ），2011 年

山口義久『アリストテレス入門』筑摩書房（ちくま新書），2001 年

竹村牧男『入門 哲学としての仏教』講談社（講談社現代新書），2009 年

第 **10** 章

世界について

　「世界」とは，われわれが生きている過去・現在・未来にわたる時の流れ（「世」）と，われわれの周りに限りなく広がる空間（「界」）のことであり，われわれを取り巻いている時空の全体を指す言葉です．

　古代ギリシャ語で世界を意味するのは，「コスモス」ですが，これはもともと，調和を意味しています．世界は，混沌ではなく，調和を持ったひとつの全体なのです．では，そうした調和は，どのように作り出されるのでしょうか．

　本章では，このような世界をめぐる諸問題を考察します．

§1 世界は何から生まれたのだろうか

世界のはじめに何があったか

われわれは地球上で生きていますが、その外側には広大な宇宙が広がっています。さしあたり、われわれにとっての世界とは、われわれを取り巻いている地球上の環境世界ですが、広い意味では、宇宙全体がわれわれの生きる世界だと言うこともできます。

人間は、われわれが生きているこの世界の由来に関心を持ち、この世界がどこから、どのようにして生まれたのかを説明しようとしてきました。

多くの神話的世界観では、世界は、それが誕生する以前は、混沌とした無秩序の状態であったと考えています。そして、そこに、なんらかの原因によって調和が生まれ、いまのような世界が出来上がったというのです。この場合、世界を作る土台となる素材のような物質が、世界誕生以前から存在していたことになりますから、世界が存立する以前にも、何かが存在していたことになるでしょう。

この発想は、哲学においても引き継がれ、古代ギリシャの哲学者たちの大部分は、世界が無から生まれるのは不合理であり、世界が誕生する以前にも、その材料となるものが存在していたはずだと考えました。

無からの創造

これに対して、キリスト教の世界観では、この世界は、何もない無の状態から、神によって創造されたのだと信じられています。すなわち、世界が誕生する以前には、世界は無であり、神の世界創造の意志によって、この世界が創造され、存在者となったのです。では、**無からの創造**と呼ばれるこの世界の創造とは、いったいどのようなものなのでしょうか。

まず、神が世界を創造するとき、その材料となるものは、どこに存在していたのでしょうか。多くの神話的世界観では、世界の素材となる物質があらかじ

め存在していたと考えますが，キリスト教では，世界を作る素材となる物質すら，神が無から作り出したものだと考えています．

　では，もし神が，この世界を無から創造したのだとしたら，そもそも世界が作られた理由は何なのでしょうか．そして，世界が，いまのような姿をしているのは，必然的な理由があるのでしょうか．キリスト教の思想家たちは，さまざまな説明を提示してきましたが，決定的な答えはないように思われます．

　このように，世界が無から誕生したという考え方は，世界が誕生した理由は何かという問題に直面することになるのです．

現代宇宙論

　宗教的な文脈から離れ，科学的な宇宙論に目を移してみましょう．従来の宇宙論では，宇宙は永遠で恒常的なものと見なされていました．しかし，現在の宇宙論では，宇宙は無から誕生したのだと考えられるようになっています．すなわち，現代のビッグバン理論によれば，この宇宙は，いまから 138 億年前に突如誕生したものであり，あらゆる物質とエネルギーが融合した高密度の高温状態から，急激な爆発的膨張によって，いまのような状態になったというのです．

　この理論が正しければ，宇宙は，無の状態から，なんの理由もなしに誕生したものだということになるでしょう．ですが，このような説明が，われわれを不安にさせることも事実です．というのも，世界がそのような偶然によって，たまたま生まれたのであるとしたら，この世界が存在する理由もまた，ないことになってしまうからです．

考えてみよう　神は何のためにこの世界を創造したのかという難問に，キリスト教の哲学者たちは，さまざまな答えを与えてきました．もし，この問いに答えがあるとしたら，どんな答えがありうるか，考えてみましょう．

§2 世界には何の目的もないのか

世界を調和させる力

　この世界は，けっして無秩序な混沌ではありません．世界は一定の法則に支配された，秩序のある調和的な世界です．古代ギリシャ人は，この世界のことをコスモスと呼びましたが，これは，調和のとれた状態を意味しています．

　世界は，その素材となる物質的なものからなっていますが，世界には，その素材を調和させ，ひとつにまとめる力が働いているように思われます．それでは，この世界に調和を与え，世界を調和的に動かしている力とは，いったい何なのでしょうか．

　たとえば，自然哲学者のピュタゴラス[A1]は，この世界は数という原理が支配しており，それゆえ，世界には調和が成り立っているのだと考えました．和音を作り出すのは，さまざまな高さの音の間に成立する数の比ですが，ピュタゴラスは，それと同じように，世界が数的な法則によって支配されるとき，世界は和音のような美しい状態を作り出すと考えたのです．

　このピュタゴラスの発想は，現代の科学的世界観の源流といってよいものです．というのも，現代の科学的世界観においても，世界は，自然法則という数式で表現される法則に支配されていると考えているからです．

目的論的世界観

　こうした考え方を発展させ，世界を存立させている原因の理論を作り出したのが，アリストテレス[A4]です．彼によれば，世界には四種類の原因が働いており，それによって，この世界は成立し，働いています．

アリストテレスの四つの原因

原因名	質料因	形相因	起動因	目的因
内容	素材	形・機能	製作者	目的
例（家）	木材	家の構造	大工	居住

　これらの原因は，それぞれ対応関係にあり，互いに補い合う力といえます．たとえば，大工が家を作るような場合を考えてみましょう．世界に家が存在するようになるためには，大工が家を作る必要があります．大工は，世界に物理的に働きかけ，素材を加工して家を作りますが，そのためには，大工が家とはどのようなものかを理解していなければなりません．このとき，世界に働きかける大工が起動因であり，大工の頭のなかにある，家とは何のためにあるのかという理解が目的因です．

　これらのうち，アリストテレスに特徴的なのは，**目的因**です．アリストテレスは，家のような人工物だけでなく，世界に存在するあらゆる事物は目的を持って存在しているという，**目的論的世界観**の立場に立っています．

目的と自然法則

　このようなアリストテレスの世界観は，近代的な自然科学が発達するにつれて，否定されるようになっていきました．

　アリストテレスの考え方では，世界を動かしているのは，それぞれの事物が内在させている目的であり，その目的が，事物の運動を方向づけていることになります．しかし，近代の科学者たちは，そのような目的が事物に内在していることを疑いはじめました．そのかわりに，世界を動かす力として，科学者たちが採用したのが，自然法則です．科学者たちは，世界は数式によって表現される自然法則によって支配されており，因果的な法則によって必然的に動いていると考えたのです．このような考え方に従えば，目的という概念は，もはや必要のない，余計なものとなるでしょう．

考えてみよう　近代の科学者たちは，世界の動きは自然法則に従って必然的に進行しており，偶然は存在しないのだと考えました．ですが，そうだとしたら，未来はすべて，すで決定されてしまっているのでしょうか．

§3 世界は進化しているのだろうか

機械論的世界観と目的

デカルトは，アリストテレスの目的論的世界観に対抗して，世界は機械のよ
[B1]
うに必然的な因果法則に従って動いているという，**機械論的世界観**を提示しま
した．このような機械論的世界観が正しいとしたら，世界には，あらかじめ設
定された目的などないことになるはずです．

ですが，世界に生じている現象を理解するために，目的の概念が必要なこと
も事実なのです．というのも，自然が機械のようなものだとするなら，それは
なんらかの機能を持ち，所定の目的を果たすために働いていると考えられるか
らです．

たとえば，生物は，複雑な機構を持っていますが，その働きは，生命を維持
するという目的のために働いています．生物は，目的に従って設計されて作ら
れたわけではありませんが，にもかかわらず，生きるという目的を果たすため
に最適な機能と構造を持ち，その目的を果たすために活動しているのです．

目的と進化

生物がこのような目的論的側面を持つのは，**進化**の働きによるものだと考え
られています．現代の**進化論**によれば，生物は，原初の単純な構造を持つもの
から，しだいに複雑になっていきましたが，その過程で，自然環境の変化に適
応するために，少しずつかたちを変えていきました．そして，環境に適応でき
た生物は存続し，適応できなかった生物は，生存競争に敗れて，消えていきま
した．そうした生存競争の結果として，生物は，まるで現在の環境のなかで生
きるという目的のために設計されたかのような，目的論的な機能を持っている
というのです．

こうして，目的を排除したはずの機械論的世界観のなかに，進化論という発
想を介して，ふたたび目的の概念が再生することになります．世界には，最初

から目的が存在していたわけではありません．しかし，世界がひとつの世界として，調和した姿をとっていく過程で，世界のなかに目的が生じ，さまざまな存在が，目的に従って機能するようになったのです．

社会の進化

進化論の考え方では，目的論的な機能がもっとも明確に観察されるのは生物です．では，それ以外の存在に，進化と目的を想定することはできないのでしょうか．

進化論が登場した時代に，生物ばかりでなく，社会のような人間の組織も進化していると考える**社会進化論**が提唱されました．たとえば，**ヘーゲル**[B9]や**スペンサー**[B10]などの哲学者たちは，人間社会の歴史を，理想的な状態に向かって段階的に進化していく過程として捉えようとしています．

ヘーゲルによれば，人間社会の変化とは，自由を求める人々の欲求によって生み出されます．人間の社会は，自由が制限され，互いが自由を求めて争う社会から，互いの自由を尊重する成熟した社会へと進化していくのです．

スペンサーは，人間の社会だけでなく，宇宙全体の進化を考えました．彼によれば，宇宙は，最初の単純な状態から，しだいに複雑さを増大させ，ついには，生命体や，人間のような知性を持つ生物を誕生させていったのです．

しかし，この進化のイメージは，世界があるべき方向に向かっていくという「進歩」の概念をもとにしています．じっさいには，自然世界で生じる進化そのものは，たんに環境変化に応じた適応現象にすぎません．世界がどのような方向に進むかが，あらかじめ決められているわけではないのです．

考えてみよう　社会進化論を信じる思想家のなかには，社会ばかりでなく，人間もまた，より優れたものに進化していかなければならないと考える者もいます．人間が進化していくべき，より優れた状態はありうるのでしょうか．

▶▶▶ コラム　宇宙論と人間原理

　宇宙をめぐる研究は急速に進み，宇宙誕生後，どのように宇宙が進化してきたのかが，詳しく解明されるようになっています．

　宇宙の歴史が解明されていくなかで，われわれが生きているこの宇宙は特別なものだという考え方が生まれてきました．すなわち，

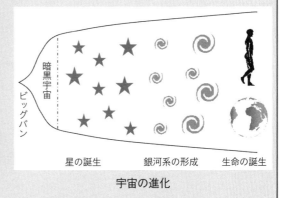

宇宙の進化

この宇宙には，多くの銀河や星々が形成され，生命が誕生しましたが，宇宙の物質とエネルギーの状態があらかじめ絶妙に調整されていなければ，そのようなことは起こりえなかったというのです．もし宇宙の状態が少しでも異なったものであれば，宇宙は急速に拡散してしまうか，すぐに縮小してしまい，現在の宇宙は生まれなかったでしょう．ここから，この宇宙は，まるで人間が存在するために作られたかのようだという**人間原理**を提唱する科学者もいますが，どうして宇宙がこのような状態で生まれたのかは，現在でも謎に包まれています．

📖　読書案内

青野由利『宇宙はこう考えられている　ビッグバンからヒッグス粒子まで』筑摩書房（ちくまプリマー新書），2013 年

伊藤邦武『宇宙を哲学する』岩波書店，2007 年

第 11 章

時間について

キリスト教の哲学者アウグスティヌスは，「時間とは何でしょうか．だれも私にたずねないとき，私は知っています．たずねられて説明しようとすると，知らないのです」という有名な言葉を残しています．

時間とは，われわれにとってあまりに当然の現象でありながら，だれもその正体を説明できない，特別な現象であるように思われます．

本章では，このような時間という現象について，考察していくことにします．

§1 時間のパラドクス

時間のイメージ

　一般的に，時間は，**過去**，**現在**，**未来**という三つの様相からなっており，過去から，現在を経由して，未来に向かって流れていくのだと考えられています．このような時間のイメージを図で表現すれば，つぎのようなものになるでしょう．

過去　　　　　　　　　現在　　　　　　　　　未来

直線的時間のイメージ

　この図では，時間は，過去から未来に向かってまっすぐに伸びていく直線として描かれています．現在とは，その直線上を，過去から未来に向かってスライドして移動していく点のようなものです．このとき，現在は，直線に含まれる点と同じように，幅のない瞬間として捉えられています．このような点としての現在を，〈今〉と呼ぶことにしましょう．

　時間をめぐる哲学的な考察が始まったとき，哲学者たちは，まずこの〈今〉を問題にしました．というのも，彼らには，〈今〉を論理的に説明することが，困難なことに思えたからです．

ゼノンのパラドクス

　このような時間の捉え方に対して，最初に疑義を提示したのが，**エレア派**に属する**ゼノン**です．エレア派は，実在が変化することを否定したパルメニデス[A1]によって作られた学派であり（第9章§3），運動の可能性も否定しました．運動とは，あるものが場所を移動させる変化だからです．ゼノンは，運動がパラドクスを含んでいることを，思考実験を通して明らかにしましたが，ここでは，そのひとつを取り上げます．

走者がスタート地点からゴール地点に向かって進むとき，走者は，まず中間点を通過し，つぎにその中間点を通過しと，つぎつぎに中間点を通過していかなければならない．ところが，中間点は無限に存在するから，すべての中間点を通過するために無限の時間が必要だ．ゆえに，走者はゴールにたどり着けない．

スタート ————————————————————————┤———————┤——┤┤ ゴール

二分割のパラドクス

このパラドクスは，時間のなかには，幅ゼロの〈今〉が無限に含まれているという，数学的な時間理解に由来しています．われわれは，このパラドクスを，どうすれば回避することができるのでしょうか．

パラドクスは解決できるか

アリストテレスは，〈今〉とは幅のない瞬間ではなく，幅を持った単位であると考えました．たしかに，〈今〉というひとつの長さを持った単位は，理論上は，無限に分割していくことができます．しかし，それは思考のなかだけでできることであり，現実には分割することができないものなのです．

ベルクソン[C4]も，時間を数学的に捉えることに反対しました．彼によれば，そもそもの誤解は，時間という現象を空間化し，数学的に抽象化して理解しようとするところから生まれています．しかし，時間とは，ほんとうは，空間的な分割を許さない連続的な流れなのです．ベルクソンは，そのような空間的に分割できない連続的な実在を，**純粋持続**と呼んでいます．

考えてみよう　ベルクソンが述べる純粋持続とは，われわれがじっさいに体験している時間を意味しています．それは，どのようなものなのでしょうか．自分の経験を手がかりに，空間化された時間との違いを考えてみましょう．

§2　時間は実在するのだろうか

アリストテレスの時間論

　時間は，この世界のなかに実在しているのでしょうか，それとも，実在しないのでしょうか．実在していないとしたら，時間とはいったいどのような現象なのでしょうか．

　ひとつの考え方は，時間は変化する世界に由来するというものです．たとえば，**アリストテレス**[A4]は，時間を「より前とより後に関する運動の数」と規定しました．アリストテレスにとって，世界のなかに実在しているのは，変化している事物です．時間とは，その事物の運動と変化をわれわれが観察するとき，より前の状態から，より後の状態に移り変わっていくさまを数的に捉えた心の状態にほかならないのです．

　アリストテレスの場合，運動と変化をする世界の実在が認められています．ですが，§1で述べたエレア派の考えが正しいとしたら，世界が変化をするということ自体が，矛盾した事態であることになり，時間は実在の特徴とは認められないものになるでしょう．

道元の時間論

　日本の禅宗の哲学者である**道元**[D9]も，時間をめぐる重要な考察をしています．われわれは，時間を，過去から現在へと移り変わっていくものと考えています．しかし，そのような，移り変わっていく時間を，道元は否定します．なぜなら，過去はすでにないものであり，ないものがあるものになることは不可能だからです．

　では，道元にとって，時間とは何なのでしょうか．彼は，存在そのものが時間なのだと考えています．すなわち，彼にとって，時間とは，世界の存在のありかたそのものなのです．すでに見たように（第9章§2），仏教の思想では，世界に存在するすべてのものは，何かとの関係のなかで，ほかの物との**縁**によ

って生まれてきます（縁起）．そうした世界のありさまが，人間にとっては，時間的なものとして現れてくるのです．

アウグスティヌスの時間論

　時間を，世界のありかたではなく，人間の精神のありかたとして理解しようとした哲学者もいます．**アウグスティヌス**は，時間を未来と現在と過去に区分[A8]しましたが，それらは，世界の客観的な状態ではありません．彼によれば，未来とは，いまのわたしの心にある**期待**，過去とは，いまのわたしの心にある**記憶**，そして現在とは，いまわたしが心を向けている状態（直観）なのです．時間とは，いまのわたしの心が持っている三つの状態であり，意識が向いている三つの方向性を示しているわけです．

時間と永遠

　もし，時間が，人間によって作り出されるものにすぎず，実在の世界では時間が流れないのだとしたら，実在とは，いったい，どのような姿をしたものになるでしょうか．**アウグスティヌス**は，それこそが，神の永遠の世界だと考えました（第 5 章 § 3）．この場合の永遠とは，時間が無限に続いていくことではありません．そうではなく，そもそも時間の流れというものが存在しない，時間を超越した無時間的な世界のことなのです．

　哲学者たちにとって，このような永遠の世界は，人間が生きる世界とは異なる，神のような完全な存在者の世界です．時間とは，人間が不完全な世界のなかに生きていることのあかしなのだといえるでしょう．

考えてみよう　時間の流れのなかに生きる人間にとって，時間を超越した無時間的な世界を認識することは，そもそも不可能であるように思えます．われわれは，どうすれば永遠を知ることができるのでしょうか．

§3 過去はどこにあるのか

過去は存在するか

　われわれは，時間のなかにいる存在ですが，未来や過去のなかにいるわけではありません．**アウグスティヌス**が考えたように，未来とは，これから起こることに対して向けられた現在の意識であり，過去とは，すでに起こったことに対して向けられた現在の意識なのです．

　では，時間の三つの様相が，すべて現在の意識のなかにあるのだとしたら，未来や過去は存在しないのでしょうか．多くのひとは，未来については，それが存在しないことを認めるとしても，過去については，存在すると考えているように思われます．というのも，未来の事象は未確定であり，じっさいに何が起こるのかは，そのときになるまで決まっていないと考えるのが自然であるのに対して，過去の出来事は，すでにじっさいに起こっており，確定したものだからです．だとしたら，過去の出来事は，どこかに存在しているのではないでしょうか．

過去の痕跡と過去の実在

　われわれがそのように考えたくなるのは，われわれが過去についての記憶や証拠を持っているからです．われわれは，自分の過去の記憶を持っており，過去にじっさいにあった出来事を，たしかにおぼえています．では，たとえば，われわれが生まれる以前の過去はどうでしょうか．これについても，たとえば，過去の歴史的な遺物や記録などによって，過去が存在することを確かめることができるのではないでしょうか．人類が登場する以前の過去であっても，たとえば，恐竜の化石などから，そのような過去が存在することを知ることは可能ではないでしょうか．

　しかし，考えてみれば，過去を示すそのような証拠は，すべて，われわれが現在手にしている，現在の証拠です．たとえば，法隆寺は七世紀に建築された

とされていますが，われわれが見ることができるのは，現在の法隆寺であり，過去の法隆寺そのものではありません．

　ここから，過去の存在そのものと，過去についての現在の証拠は，別のものであることがわかります．つぎの思考実験を考えてみましょう．

世界五分前仮説

この世界は，いまから五分前に，神によって作られた．そのさい，神は，あたかもそれ以前から世界が存在し続けていたかのような証拠と一緒に，世界を作った．恐竜の化石だけでなく，過去の歴史的遺物も，われわれの記憶も，すべて五分前に作られた．さて，われわれは，この仮説を論駁できるだろうか？

　この思考実験から，過去が存在した証拠を挙げることと，過去そのものが存在することは，論理的に，別の事柄であることがわかるでしょう．

作られる過去

　じっさい，過去の歴史的事実とは，現在われわれに与えられている過去の証拠を再構成して，現在のわれわれが作り上げたものです．

　同様のことは，われわれの記憶についてもいえます．というのも，われわれの記憶は，過去の経験そのものではなく，再構成されて変容したものだからです．たしかにそれは，過去のわれわれの経験を出発点としていますから，過去とつながっています．しかし，それは，過去そのものではないのです．

　このように，現在においてわれわれが経験する過去とは，過去そのものではありません．その意味では，未来と同様に，過去も存在してはいないのです．

考えてみよう　過去は存在せず，われわれは，間接的な痕跡によってしか過去に近づくことができないのだとしたら，ほんとうの過去と，作られた過去は，どうすれば区別することができるでしょうか．

▶▶▶ コラム　マクタガートの時間論

　現代哲学の時間論を代表する議論のひとつが，イギリスの哲学者**マクタガート**（1866–1925）による，時間の非実在性をめぐる議論です．

…M…N…O…P…Q…R…
A系列：過去－現在－未来
B系列：より前－より後
C系列：M, N, O…の順序

　時間とは，出来事がつぎつぎに生起し，移り変わっていく変化の系列のことを指しますが，マクタガートは，われわれがイメージする時間として，三つの系列を想定します．A系列とは，ある出来事が，未来の出来事から，現在の出来事になり，そして過去の出来事になるという時間的変化の系列です．これに対して，B系列は，ある出来事と別の出来事に前後関係があるという系列であり，C系列は，出来事が前後関係ではなく，たんに順番で並べられている系列です．

　マクタガートによれば，時間といえるためには，未来の出来事が，現在において生じ，それが過去の出来事になっていくというA系列が必要であり，B系列やC系列だけでは，この時間的変化を説明できないので，不十分です．ところが，同一の出来事が，未来でも，現在でも，過去でもあるというのは，論理的な矛盾です．ここから，マクタガートは，時間とは論理的矛盾を孕んだものであり，それゆえ，存在するものではないのだと主張したのです．

📖　読書案内

中村秀吉『時間のパラドクス　哲学と科学の間』中央公論社（中公新書），1980 年

滝浦静雄『時間——その哲学的考察——』岩波書店（岩波新書），1976 年

中島義道『時間を哲学する』講談社（講談社現代新書），1996 年

Ⅳ　人生と社会

第 12 章

生きる意味について

　人間は，生きることに意味を求める存在です．ソクラテスは，「人間は，ただ生きていればよいのではない．大切なのは，よく生きることだ」と述べましたが，この〈よく生きる〉という言葉は，われわれが求めている生の理想をよく表しているように思われます．

　他方，このような理想とはうらはらに，人生にはなんの意味もないのではないかと疑うひとがいることも事実です．

　本章では，このような，人間が生きることの意味について考察します．

§1 人生の目的とニヒリズム

東洋的無常観

　人生には意味があるのだろうかという疑問は，だれもが抱いたことのあるものでしょう．人間は，生まれて成長し，一定の年月を生きますが，やがて老いて死んでいきます．人生はたえず変化し続け，留まるところがなく，そしてさまざまな苦しみに満ちています．

　ゴータマ・ブッダ[D1]は，そのような人間の生を，苦しみに満ちたものと捉え，そうした苦しみからの解放を説きました．すなわち，われわれの苦しみの原因となるこの世界への執着を絶ち，そこから自由になることによって，われわれは救われるというのです．日本でも，仏教の影響を受け，世界は無常で，たえず移り変わっていく空しいものであり，そのなかで生きる人間の生もまた，同じように空しいものだという**無常観**が一般的になりました．

　こうした考え方に従えば，人生そのものに価値を見いだすことは難しいということになるでしょう．

大いなる目的は存在するか

　人生そのものに，目的を見いだすことはできるのでしょうか．人生の過程でなされる個別的な企図であれば，その目的を探すのは容易です．たとえば，だれかが，試合に勝つために，一生懸命に練習していたとします．このとき，そのひとには，試合に勝つという明確な目的が存在します．練習することは，試合に勝つという目的を実現するための手段であり，たとえつまらなくても，練習することには，目的実現のための手段として，意味があります．

　それでは，このような目的―手段関係を，人生そのものに適用して，人生自体が手段となっているような，人生自体とは別の目的を見いだすことは可能でしょうか．

　ある場合には，そのような目的を見いだすことは可能なのかもしれません．

　たとえば，宗教を信仰して，一生を神のために尽くすとか，社会改革の理想に燃えて，革命運動に一生を捧げるなどです．こうした，人生の大いなる目的を見いだせた者は，自分の人生に，その目的の手段としての意味を見いだすことができるかもしれません．

ニヒリズム

　しかし，現代では，そうした大いなる目的を見いだすことが，ますます難しくなっているように思われます．というのも，現代では，かつて人々の価値観を支配していた，宗教のような共通の社会的価値観が衰退してしまい，人々が信じられる大きな価値が存在しなくなってしまったからです．
　ニーチェ[C3]は，キリスト教の力の衰えによって，人々が神という価値の根拠を見失っていった 19 世紀のヨーロッパを，ニヒリズム（虚無主義）の時代と捉えています．では，彼は，そのようなニヒリズムを，どうやって克服しようとしたのでしょうか．
　ニーチェによれば，われわれは，ニヒリズムを積極的に肯定しなければなりません．すなわち，人生が無意味であることを率直に認め，そのような人生を引き受けなければならないのです．そうした人生に対する態度の変更によってこそ，われわれは，人生にほんとうの価値を見いだすことができるのです．
　20 世紀の文学者カミュも，ニーチェと同様に，人生の不条理を強調しています．彼によれば，人生は，無意味なことの繰り返しであり，そこに意味を見いだすことはできません．しかし，彼によれば，そうした繰り返しを肯定し，それを引き受けることによって，人生に価値が生まれてくるのです．

考えてみよう　ニーチェやカミュは，自分たちの生きた時代をニヒリズムの時代だと考えましたが，それでは，われわれの生きている現代は，ニヒリズムの時代なのでしょうか．

§2　よく生きることと幸福

よく生きること

　ニヒリズムの思想家たちは，人生の大いなる目的を否定しました．そして，人生の無意味さを積極的に肯定し，それを主体的に引き受けることによって，人生に価値を見いだそうとしました．ですが，人生の価値とは，ほんとうに，大いなる目的のなかにしか見いだせないようなものなのでしょうか．

　そもそも，人生そのものに価値が見いだせなくなったのは，われわれが，ものごとの価値を目的─手段という関係のなかで捉え，目的のほうに価値の根拠を認めようとしていたからでした．目的のみに価値の根拠があると考えるなら，手段自体には，なんの価値も見いだせないことになってしまうからです．

　しかし，われわれの日々のさまざまなおこないはみな，このような意味での無価値なものなのでしょうか．もし，われわれの日常的なおこない自体に意味を見いだすことができるとしたら，われわれは，ニヒリズムの危機から脱することができるかもしれません．

　ソクラテス[A2]は，人間にとって大切なのは，「よく生きる」ことだと述べましたが，彼がよく生きると言っているのは，われわれの日々のおこないを，自分にとって満足できる仕方でおこなっていることだと考えることができます．そうした生き方のよさを，ソクラテスは，**幸福**という言葉で表現しています．すなわち，われわれが生きて，さまざまな活動をしているとき，それをわれわれがよいものと認めることができるならば，それは幸福といえるような状態であり，そのような人生には意味があるのです．

幸福とは快楽のことか？

　では，よく生きることによってもたらされる幸福とは，具体的には，どのような状態のことなのでしょうか．

　功利主義における**快楽主義**の立場では，それは，快さを感じている状態のこ

とだと考えられています．すなわち，苦しみや痛みがなく，快さを感じているような状態であれば，幸福だと考えるのです．

　ですが，そのような考え方では，不十分であるように思われます．たしかに，われわれは，自分のおこないに満足するとき，快さを感じるでしょう．ですが，快さを感じるのは，満足した結果にすぎません．苦しみや痛みを感じている状態でも，それに価値があると思えば，それは満足できる生の一部になりえるでしょう．すべての人間が，ただ快いだけの生活に満足するわけではありません．幸福な状態とは，たんなる快さを超えたものだと考えることができるように思われます．

幸福と活動

　アリストテレスは，そのような幸福な状態を，**活動**という概念で説明しようとしています．活動とは，その人間が持っている能力（徳）を最大限に発揮している状態を意味します．

　アリストテレスによれば，われわれの活動は，なんらかの目的の手段としておこなわれるとともに，それ自体が目的でもあります．たとえば，何かを見るという行為は，われわれが行動するための手段として不可欠のものですが，われわれは，たとえば，景色を見ているときのように，見るという行為そのものを楽しんでもいます．このように，ひとつの活動は，別の活動の手段であると同時に，それ自体が目的でもあるといえるのです．

　われわれの日々の行為が，このような意味での活動になるとしたら，われわれは，行為すること自体に幸福を感じることができるように思われます．

考えてみよう　アリストテレスの言う活動や徳は，特別なものではなく，われわれが通常の生活のなかで発揮しているものです．あなたの生活のなかで，活動や徳といえるものは何か，具体的に考えてみましょう．

§3 労働と共同体

労働と人生

　人間は，人々の集まりである共同体のなかで生きる存在であり，生きることの意味を考えるとき，この共同体における個々人の活動が重要なものとなります．そうした共同体として，現代においては，多くの人々が働く企業などの組織が重要なものになっています．では，現代の共同体は，われわれにとって意味のある活動を実現してくれるものになっているでしょうか．

　多くの人にとっては，労働は，たんに生活費を手にするための手段にすぎません．しかし，働くこと自体に意味が見いだせないのなら，われわれの人生の大半は，無意味なものだということにはならないでしょうか．

　すでに見たように，われわれの人生が意味のあるものになるためには，われわれのおこなう個々の行為が，「よく生きること」につながっていなければなりません．そのとき，個々の行為は，たんなる手段ではなくなり，それ自体の意味が生まれてくるからです．労働もこれと同様であり，たんなる手段にとどまらず，それ自体が意味のあるものでなければなりません．ですが，現代においては，多くの人々が，働くこと自体に，よき生に結びつくような意味を見いだせていないようにみえるのです．

マルクスの労働論

　マルクス[C2]は，そのような事態が生じる原因は，現代における労働の特質にあると考えました．彼によれば，現代においては，労働者は，もはや労働の主体とはいえません．なぜなら，現代では，自分が持つ力と時間を，商品として企業に提供し，企業の生産活動に貢献することによって，賃金を得ているからです．現代以前の労働においては，労働の主役は労働者であり，労働の生産物は，労働者のものです．ところが，現代の労働においては，主役は企業であり，労働の生産物も，企業のものなのです．

　こうした労働のありかたは，労働者を，自分自身の労働や生産物から切り離してしまいます．働いて何かを成し遂げているという実感を得ることができなくなり，労働者にとって，労働は，よそよそしいものになっていきます．マルクスは，そうした状況を**疎外**と呼びました．

よき生の実現と共同体

　現代の労働のありかたは，労働者の疎外を作り出し，労働から意味を奪っています．では，われわれは，こうした状況を抜け出して，労働そのものに意味を見いだすことができるのでしょうか．

　§2で，われわれは，**活動**という概念に着目して，人間の幸福を考えました．共同体における活動では，個々人の持つ**徳**が重要となります．この場合の徳とは，人間が共同体において優れた活動をするときに必要とされる優れた資質を意味しています．

　古代ギリシャ人たちは，都市国家（ポリス）という狭い共同体のなかで，共同体の運営や政治に参画することによって，よき生を作り上げようとしました．そこにおいて必要とされる徳とは，共同体全体の善を考えて，優れた政策を立案し，リーダーシップを発揮して，それを実現に導く能力です．

　国家という共同体が巨大化した現代において，人間がそうしたよき生を実現できるのは，地域共同体や，企業などの小規模な共同体です．今後は，そのような共同体のありかたと，そこでの人間らしい活動のありかたを模索し，われわれが意味のある活動をすることのできる空間を創造していくことが重要となるように思われます．

考えてみよう　現代の日本における共同体の問題点は，どこにあるでしょうか．それを改善して，人間らしい活動のできる共同体にするためには，どうすればよいでしょうか．

> ### ▶▶▶ コラム　中国哲学における徳と共同体
>
> 　この章では，徳と共同体のありかたをめぐる古代ギリシャの考え方が話題となりましたが，同様の考察は，同時期の古代中国でもさかんにおこなわれていました．**孔子**[D5]は，人間のあるべき生き方は，**仁，孝，悌，忠，恕**という徳に従うことであり，人間は，そうした徳を身に付けてはじめて，社会で良好な人間関係を形成することができるのだと考えました．**孟子**も同様の考え方をしています．彼は，**性善説**の立場から，人間にはそもそも徳を身につける善なる力が備わっており，そこから，**仁，義，礼，智**という四つの徳が生まれるのだと考えています．儒学の立場においても，古代ギリシャと同様に，人間は，徳という優れた能力を持つからこそ，共同体を形成し，そこで善き生を送ることができるのだと考えられているのです．
>
> 　他方，**荀子**[D6]のように，人間の善性を否定し，人間の性は悪であって，欲望のままにふるまう存在であるからこそ，社会的な力によって，礼の徳を身に付けさせなければならないのだと考える思想家もいました．荀子は，礼による共同体の運営（**礼治主義**）を提唱しましたが，彼の影響を受けた**韓非子**は，人間の徳の力を信頼せず，共同体は，法による賞罰によって支配されるべきだと考えています（**法治主義**）．
>
> 　このように，徳と共同体をめぐる東洋哲学の考え方は，西洋哲学と比べても豊かな発想に満ちており，現代日本における共同体のありかたを考えるときにも，参考にすべきものといえます．

📖　読書案内

中島義道『ニーチェ　ニヒリズムを生きる』河出書房新社（河出ブックス），2013年

児玉聡『功利主義入門　はじめての倫理学』筑摩書房（ちくま新書），2012年

第13章

自由について

われわれは，人間は自由な存在であり，自由に行為することができると思っています．自由は，人間の行為の中核にある，とても重要な概念です．

はたして，人間の行為が自由であるとは，どのような意味なのでしょうか．人間は，ほんとうに自由だといえるのでしょうか．

さらに，自由には責任がともないます．われわれが自由であることによって負っている責任とはどのようなものなのでしょうか．

本章では，このような人間の自由をめぐる諸問題を考察します．

§1 自由な行為とは

なぜ自由が重要なのか

人間にとって，**自由**は，とても重要なものです．というのも，自由は，人間の行為を，人間以外の生物の行動から差別化し，人間の行為にしかない特別な価値と意味を与えてくれるものだからです．人間以外の多くの生物の行動は，その大部分が，環境が与える刺激への本能的な反応であるとみなすことができます．しかし，知性を持つ人間は，たんなる本能的な反応を越えて，自分がいかに行為すべきかを自分で判断し，選択をして，行為することができるのです．

こうした人間独自の行為を特徴づけるのが，自由という概念です．なぜなら，自分で自分の行為を選択したといえるためには，それを自分自身で自由に選び取る必要があるからです．そして，人間の行為が自由なものであるからこそ，人間の行為には，**責任**が伴います．人間社会の倫理の基盤としても，行為の自由は，重要なものだといえるのです．

自由と強制

そもそも，自由な行為は，どのような条件の下で成立するのでしょうか．自由に行為することの条件と特徴を考えてみましょう．

まず，自由に行為しているといえるためには，その行為が**強制**によるものではないことが必要です．力で脅されて，いやおうなくおこなった行為は，通常は，自由な行為とは見なされません．自由な行為であるための条件のひとつは，「強制されずに，やりたいと思うようにおこなうこと」だといえます．

では，「やりたいと思うようにおこなう」とは，具体的にどのようなことでしょうか．強制の力が働く場合，われわれは，自分の思いとは無関係に，ひとつの行為をすることを強いられます．これに対して，強制がない場合，われわれは，自分のやりたいと思う選択肢を選んで，行為しています．このように，この条件は，どの行為を選ぶかという**選択**の問題に帰着することになります．

すなわち，自由に行為するとは，さまざまな選択肢のなかから，自分がやりた
いと思う選択肢を選び取り，それを実行することなのです．

選択の自由

　このように，行為の自由は，**選択の自由**という条件に帰着します．すると，
ここから，さらなる条件が生まれてきます．すなわち，行為が自由であるため
には，選択肢が複数存在しなければならないのです．

　われわれが行為するとき，われわれは，いくつかの選択肢のなかから，どの
行為をするかを選択して，行為をしています．たとえば，電車のなかで，携帯
プレーヤーを取り出して音楽を聴くとき，われわれは，本を読むとか，ゲーム
をするといったさまざまな選択肢のなかから，音楽を聴くという選択肢を選択
しています．たとえ，選択肢が存在しないように思われるようなときでも，わ
れわれは，音楽を聴くか，何もしないかという二つの選択肢の間で，選択をし
ているのです．

　このように，自由な行為を選択という側面から捉えるとき，自由な行為が持
つひとつの特徴があらわれてきます．すなわち，自由な行為であるためには，
選び取った選択肢とは異なる選択肢を選ぶこともできたという可能性が確保さ
れなければならないのです．

　先の例でいえば，たとえ，現実に選んだ選択肢は音楽を聴くことだったとし
ても，あとで振り返ったときに，「あのとき，別の選択をしていれば，本を読
むこともありえた」といえなければなりません．このような可能性は，**他行為
可能性**と呼ばれます．

考えてみよう　アリストテレスは，強制か自由かがあいまいな行為の例を挙げて
います．たとえば，難破した船の船長が，船を救うために積荷を海に捨てるような
行為です．このような行為は，自由な行為といえるでしょうか．

§2 自由意志はあるのか

行為の出発点としての意志

　§1で見たように，自由な行為は，自由な選択にもとづいてなされる行為です．このとき，自由な選択が成立するためには，実行することが可能であった複数の選択肢のなかから，行為者がひとつの選択肢を選ぶ必要があります．こうして，行為者が，心のなかでどのような行為をするかを決め，体を動かすことによって，行為が生まれます．

　このように，自由な行為が生まれるためには，その出発点として，心のなかに，行為を選択して実行に移す機能が存在していなければなりません．こうした心の機能は，**意志**と呼ばれています．意志は，人間の心が作り出す複雑な精神的働きです．それは，自分の行為の目的とその手段を考察し，取りうる選択肢を比較検討し，自分がどう行為すべきか判断し，そのように行為しようと決めて，身体を動かすのです．

　それゆえ，人間のおこなう行為が自由であるといえるためには，人間の意志が自由であることが必要であるように思われます．

自由意志は存在するか

　このような自由な意志は，ほんとうに存在するのでしょうか．すでに見たように，近代科学の普及以来，世界のすべての動きは必然的な因果法則によって支配されているという，決定論的な考え方が一般的になっています．そして，そのような世界観のもとでは，人間の心の働きもまた，因果法則に支配された必然的なものであり，そこに意志の自由が存立する余地はないと考えられることになるでしょう．

　人間の意志の働きは，脳の神経的な働きです．では，われわれの脳の働きは，自然世界の物理的な運動と同様に，因果法則によって必然的に支配されているのでしょうか．われわれの脳で生じている情報処理の働きが，コンピュータの

プログラム処理のような必然的なものであるとしたら，人間は意志の自由をもたないように思われます．それだけではありません．脳科学の研究は，人間の性格や好みが，常識で考えられる以上に，遺伝的要因や環境的要因の支配を受けていることを明らかにしています．そうであるとしたら，人間は自由に行為していると思っていても，じっさいには，自分の力とはいえない外的な要因によって支配されていることにはならないでしょうか．

近代哲学の自由意志論

こうした問題をふまえ，哲学者たちは，世界の因果的必然性と人間の自由を調和させようとしてきました．

たとえば，ヒューム[B7]は，決定論的世界観と意志の自由は矛盾するものではないのだという両立論の立場に立っています．ヒュームによれば，自由とは，なんらかの要因によって不本意に強制されないことであり，自分の思考や欲求に従って行為していれば，自由だといえます．それゆえ，彼によれば，行為が因果的必然性によって引き起こされたとしても，それは自由な行為だといえるのです．

これに対して，カント[B8]もまた，自由な行為は，法則にしたがって引き起こされなければならないと考えましたが，しかし，そうした人間の心を支配する法則は，物理的な世界を支配する法則とは異なるのだと考えています．カントによれば，人間の心を支配しているのは，物理法則ではなく，倫理的な法則（道徳法則）です．そして，理性が，こうした法則に理性的に従う限り，人間は自由だと考えるのです．

考えてみよう　あなたの経験のなかで，自分の行為が，自分の力ではどうにもならない遺伝的要因や，環境的要因によって支配されていると感じたことはありますか．そのようなとき，あなたは自由といえるでしょうか．

§3　自由と責任

消極的自由と積極的自由

　§1と§2では，意志の自由の問題を考察してきましたが，自由をめぐる哲学的問題は，これにとどまるものではありません．すなわち，社会的な意味での自由の問題です．現代社会では，自由に生きる権利が保証されていますが，そもそも，社会で自由に生きるとはどのようなことなのでしょうか．

　社会的な意味での自由を考えるとき，一般的には，二種類の自由が存在すると考えられています．

　ひとつは**消極的自由**で，「〜からの自由」とも呼ばれています．この自由は，§1で述べられたような，他者からの強制や干渉を受けない状態を意味しています．

　もうひとつは**積極的自由**で，「〜への自由」とも呼ばれています．この自由は，個人が自分自身のありかたや行動を，自分で決めることができるという意味での主体的な自由です．

自由と社会的責任

　これら二つの自由は，一般的な文脈から見れば，表裏一体のものです．たとえば，信教の自由は，自分で主体的に信仰を選び取るという積極的自由の側面と，その信仰が他者によって干渉されないという消極的自由の側面をあわせもっています．

　しかし，政治的な文脈から見ると，二つの自由には大きな違いがあると考えられています．というのも，消極的自由を重視する立場では，国家からの干渉は認められず，国家よりも個人の選択が優先されますが，積極的自由を重視する立場では，逆に，人間の自由を保証し拡大するために，政治への積極的な関与が必要だとされることになるからです．

　たとえば，**サルトル**[C8]は，人間が自由な存在であることを強調しましたが（第

5章§1），それは，自分の好き勝手にふるまってよいという意味での自由ではなく，強い社会的責任を伴うものでした．人間は自由であるがゆえに，たえず自己を作り出していかなければなりませんが，人間は他者と関わる存在であるがゆえに，その選択は，かならず社会全体に影響を及ぼします．自己の自由な選択は，**アンガージュマン**（社会への参加）なのであり，人間の自由は，人類全体への責任を伴うものなのです．

自由からの逃走

　サルトルが主張しているように，人間は社会的な存在である以上，社会から切り離された，純粋に私的な自由というものは存在しません．人間の自由な行動には，つねに社会的責任が伴っているのです．その意味で，自由は，人間にとって，重荷でもあるのだといえるでしょう．ですから，そのような自由を放棄して，だれかにいわれるままに生きていたほうが楽だと思うひともいるのではないでしょうか．

　しかし，自由の放棄は，われわれから人間らしさを奪ってしまう危険性も持っています．社会学者の**エーリヒ・フロム**は，現代においてナチズムのような全体主義が生まれてしまった原因は，人々が自由を放棄してしまったことにあると主張しました．すなわち，自由とその責任を放棄した大衆が，みずからの主体性を喪失し，社会的な権威に盲目的に従ったことによって，ナチズムのような不合理な政権が誕生してしまったというのです．

　現代社会は自由な社会ですが，人々が自由の意味を取り違えると，社会は間違った方向に進んでいってしまいます．

考えてみよう　社会的自由は，社会を間違った方向に導く危険も持っています．現代の日本社会における社会的自由と，それが持つ問題点について，具体的に考えてみましょう．

▶▶▶ コラム　意志の弱さは存在するか

　本章では，意志の問題が登場しましたが，哲学者たちは**アクラシア**（意志の弱さ）と呼ばれる哲学的問題に悩まされてきました．アクラシアと呼ばれる行為には，つぎのような特徴があります．

　　① 行為者は，自分が何をするのがベストかを分かっている．
　　② ところが，ベストでないと分かっている別の行為をして，後悔する．
　　③ 行為者は正常であり，自分が何をしているか分かっている．

　ソクラテス[A2]は，①〜③の条件が同時に成立することは不可能だと考えました．なぜなら，人間が正常な判断力を持っているかぎり，ベストだと分かっている選択肢を選ばないはずはないからです．それゆえ，ソクラテスは，前提①が間違っており，そのような行為をする者は，ほんとうは，自分が何をするのがベストか分かっていないのだと考えました．

　これに対して，**アリストテレス**[A4]は，人間の判断には欲望が介在しており，欲望の力によって，人間の判断が狂ってしまうのだと考えました．ところが，この解決法には問題があります．なぜなら，もしそうであるとしたら，行為者の判断は，そもそも正常なものでなかったことになり，前提③を満たさないのです．

　アクラシアの難問は，現在でも十分に解決されてはいません．

📖　読書案内

伊藤益『自由論　倫理学講義』北樹出版，2014 年

成田和信『責任と自由』勁草書房，2004 年

野矢茂樹『哲学の謎』講談社（講談社現代新書），1996 年

第 **14** 章

社会について

　社会は，人間が生きていくために不可欠の
ものですが，かならずしも人間にとって優し
いものとはかぎりません．
　すべての人間が満足して生きられる理想的
な社会とは，どのようなものであり，また，
どうすれば実現することができるのでしょう
か．哲学者たちは，理想的な社会や，公正な
社会とは何かを考えてきました．
　本章では，このような社会をめぐる諸問題
を考察していくことにします．

§1 社会はどうして生まれたのだろうか

社会は何のために形成されたのか

　人間の社会は，何のために生まれ，どのように形成されていったのでしょうか．哲学者たちは，人間の社会の発生の理由と，その発展の過程に関心をもち，それがどのようなものかを明らかにしようとしてきました．

　たとえば，アリストテレス[A4]は，社会の形成を，人間が生活していくための必要性という観点から説明しています．彼によれば，人間の集団は，人間の基本的な必要を満たすための小さな集団（家族）から出発し，村落へ，そして国家へと成長していきました．その理由は，小さな集団では，人間の必要性が完全には満たされないところにあります．というのも，人間には，たんに衣食住の確保だけでなく，共同体のなかで，他者とかかわり，さまざまな活動をすることが必要だからです．

　アリストテレスにとって，人間の必要を満たすことのできる政治的共同体とは，彼が生きたポリス（都市国家）であり，それはまさに，人間が，自分たちの人間性を発揮するために形成したものだったのです．

社会契約説

　西洋では，中世の封建制が崩壊し，市民社会が形成されていくと，社会の起源に対する関心が再燃することになりました．当時の哲学者たちの多くは，社会の起源を，社会を構成する人々によって交された**契約**に求めています（**社会契約説**）．

① ホッブズの理論

　ホッブズ[B3]は，社会をもたない**自然状態**にある人間は，自分の利益を求めて互いに争いを繰り返す戦争状態に置かれると考えました（**万人の万人に対する争い**）．しかし，そうした状態では，人間はつねに生命の危険にさらされ，安心して生

活することができません．それゆえ，人々は，自分の権利を放棄して，公共的な権力に譲渡し，争いから保護してもらうことになったというのです．こうしたホッブズの社会観の根底には，人間は本質的に利己的な存在であり，社会は人間の利己性を制限するために存在しているという考え方があります．

② ロックの理論

こうしたホッブズの考え方を批判し，別の観点から社会契約を考えたのがロ
[B4]
ックです．ロックによれば，人間は，自然状態においても，自分の生命と自由と財産に対する権利を持ち，それを守るための**自然法**に従うことができる，自由で平等な存在です．しかし，自然法が完全に機能するためには，人々は，契約によって，自分の権利の一部を，公的な権力に移譲しなければなりません．こうして社会が成立することになりますが，社会への権利の移譲は限定的なものにとどまります．ですから，社会的権力が人々の権利を侵害したときには，人々はそれに抵抗する権利を持つのです．

③ ルソーの理論

[B6]
ルソーの考えでは，自然状態における人間は，利害ではなく，自己への愛と他者への憐れみの感情で動く，幸福な存在です．しかし，人間が契約によって社会を作ると，人間の自由は奪われていきます．それゆえ，ルソーは，社会の支配は，つねに公正に公共の利益を実現してくれる**一般意志**に基づかなければならないと考えました．社会的な秩序と自由は，人民主権を尊重する政府のもとで，はじめて実現されるのです．

考えてみよう　近代の社会契約説には，「人間は自然状態から，契約によって社会を作った」という共通の前提があります．ですが，ほんとうに，人類の歴史において，そのような自然状態や，契約があったのでしょうか．

§2　公正な社会とはどんな社会だろうか

社会は何を目指すべきか

　社会の人々が幸福に暮らせる社会は，どうすれば実現するのでしょうか．そのためには，まずは，個々人の幸福が最大限に実現される社会である必要があるでしょう．たとえば，**功利主義**の思想では，そうした社会を目指して，**最大多数の最大幸福**という理想を掲げています．

　しかし，こうした幸福の実現という視点だけでなく，社会には，ほかにも配慮すべき視点がいくつもあります．たとえば，市民の人権を守るとか，安全を確保するといったことです．こうした社会の役割には，平等と公正の実現も含まれており，現代の哲学では，その実現のための理論が提唱されてきました．

ロールズの正義論

　現代において，だれもが正しいと納得する社会とは，どのようなものでしょうか．**ロールズ**[C15]は，それは公正な社会のことだと考えました．ロールズによれば，いかに社会が栄え，強大になっても，大きな格差と差別が存在し，多くの人々が自由に生きられない社会は，正しい社会とはいえません．それでは，人々が差別されることなく，平等な立場で自由に生きていくことのできる社会とは，どのような社会なのでしょうか．

　ロールズは，一種の社会契約説の立場をとることによって，そのような社会の条件を明らかにしようとしました．彼によれば，そうした社会を構想するためには，人々は，自分が現在置かれている社会的状況を考慮に入れるべきではありません．なぜなら，人間は，自分の社会的状況を考慮に入れてしまうと，それが有利になるような社会を構想してしまうからです．それゆえ，ロールズは，公正な社会を構想するときには，ひとは，自分が何者であるかを度外視するために，自分に**無知のヴェール**をかけなければならないと考えました．こうした条件の下で，人々が理性的に話し合えば，正しい社会のルールが生まれて

くるはずです．では，それは，どのようなものなのでしょうか．

　ロールズは，まず，社会のすべての成員が差別されずに**自由**に生きられることが，公正な社会の重要な条件だと考えました．それゆえ，職業などの自分の生き方を選択する基本的自由は，他人の自由を侵害しないかぎり，最大限に認められなければなりません．

　ですが，社会の資源は限られています．競争の結果，自分の希望する職業に就くことができず，自分の望む生き方ができない人もいることでしょう．こうした社会的な不平等は，許されるのでしょうか．ロールズは，たとえ，そのような不平等が生じたとしても，それが公正な競争の結果生じたものであり，かつ，その不平等によって生じた利益が，貧しい人たちを救うために使われて，社会的格差を是正することに寄与するものであれば，許されるのだと考えました．

センの正義論

　こうしたロールズの理論は，大きな影響を与えていますが，批判も投げかけられています．たとえば，ロールズは，自由な競争を重視していますが，そもそも，そうした競争に参加することのできない社会的な弱者は，どうすればよいのでしょうか．

　センは，ロールズの理論の弱点を補うために，社会を構成するさまざまな人々の多様なニーズに，もっと繊細に対応できる社会を作るべきだと主張しています．たとえば，身体の不自由な人でも，自由な社会生活を送れるような環境を整えてこそ，ほんとうの意味での平等は実現するのです．

　考えてみよう　ロールズは，無知のヴェールが必要だと考えました．しかし，自分の立場をまったく度外視することは，ほんとうに可能なのでしょうか．自分に無知のヴェールをかけてみてください．

§3 理想社会はあるのだろうか

東洋の理想社会

　人間にとって，理想の社会とは，どのようなものなのでしょうか．古来，人々は，理想社会とはどのようなものかを思い描いてきました．

　たとえば，古代中国において，**老子**と**荘子**[D7]は，社会は礼と仁によって統治されるべきだとする**孔子**[D5]に反対し，人知を超えた大いなる道に従う**無為自然**の生き方を推奨しました．そうした**老荘思想**から，東洋的な理想社会である**桃源郷**のイメージも生まれてくることになります．

　同様の理想社会論は，日本にも存在しています．江戸時代中期，**安藤昌益**[D10]は，人為的に作られた法や身分制度を批判し，差別の存在しない理想社会を思い描きました．彼によれば，そのような社会では，すべての人間が平等であり，対等な関係のなかで，互いに尊重し合って生きています．彼は，そのような社会は，すべての人間がみずから土地を耕す**万人直耕**の社会でなければならないと考え，そのような理想社会を**自然世**と呼びました．

　東洋における理想社会のイメージの多くは，このように，人々が自然のなかで自由に生きていくことのできる社会でした．

西洋の理想社会

　西洋でも，文明社会を批判し，自然のなかで生きる状態を理想と考えるルソーのような哲学者もいましたが，多くの哲学者たちは，それとは正反対の理想社会を思い描いています．すなわち，人間が科学技術の力によって自然を支配し，人々が合理的に統治される規律的な社会です．

　トマス・モアは，1516 年に『ユートピア』という著書を発表し，そのなかで，理想社会の姿を描いています．ユートピアとは，モアの作った造語で，「どこにも存在しない場所」という意味です．モアは，現実には存在しえない理想社会を描き出すことによって，彼が生きた現実の社会への批判をおこなお

うとしたのです．しかし，モアの描いた理想社会は，東洋におけるようなもの
ではなく，私有財産の否定された共産主義的な社会であり，人々を規則正しく
統制する，合理的に組織された社会でした．

　同時期のベーコン[B2]も，同じようなユートピア物語を執筆しています．ベーコ
ンは，「知は力なり」という標語のもとで，科学技術による自然支配を主張し
た哲学者ですが，彼の物語でも，科学技術が高度に発達した理想社会が描かれ
ています．

ユートピアとディストピア

　こうしたユートピアの姿は，当時の西洋社会に存在していた貧富の差や，宗
教的不寛容などの，さまざまな社会的矛盾に対する批判から生まれたものです
が，彼らの思い描く理想社会の姿に，われわれが違和感をおぼえることも事実
でしょう．

　じっさい，こうしたユートピアの姿は，現代において，社会主義国家のよう
な社会として実現しましたが，そこでの人々の生活は，かならずしも幸福なも
のとはいえませんでした．こうした反省から，現代では，理性や科学の力で合
理的に管理された社会を，人間性を否定するディストピアとして否定的に捉え
る見方も一般的になっています．

　人間が幸福に生きることのできる理想社会を，科学技術の力や，管理社会の
実現によって作り出すことができるという考え方は，いまでは過去のものにな
っています．われわれは，ユートピア信仰から自由になり，新しい理想社会の
像を模索しなければならないのです．

考えてみよう　本セクションでの説明をふまえて，現代の日本における状況を考
えてみましょう．現代の日本にとって，理想社会の像はどのようなものであるべき
でしょうか．

▶▶▶　コラム　民主主義社会は最善の社会か

　日本をはじめとして，現代の多くの国では，**民主主義**という政治形態をとっています．民主主義は，人民主権を基本原理とし，自由を重んじる政治制度であり，多くの人々は，民主主義こそ最善の政治制度だと信じています．しかし，歴史的にみると，民主主義が，劣った政治形態として批判されることも多かったのです．

　プラトン[A3]は，古代ギリシャの直接民主主義を，きびしく攻撃しています．当時の社会では，都市国家（ポリス）の市民は，みな平等の政治的権利を持ち，議会に出て，政治的決定に関わることができました．しかし，たくさんの人々が政治にかかわり，多数決で政治的決定をすると，国の政策は行き当たりばったりとなり，最善の決定ができず，悪い方向に進んでいく危険性が大きくなります．こうした民主主義に対して，プラトンは，社会全体の善を見て取ることのできる優れた少数の指導者による統治こそ，最善の制度だと考えました．

　現代でも，プラトンが批判したような民主主義の弱点が解決されたわけではありません．われわれは，さらに理想的な民主主義のありかたを模索していかなければならないのです．

📖　読書案内

重田園江『社会契約論』筑摩書房（ちくま新書），2013 年

川本隆史『ロールズ　正義の原理』講談社，1997 年

エピローグ

第 **15** 章

現代をよく生きるための哲学

　この本では，哲学的に考えるとはどのようなことなのかを，さまざまな話題を取り上げて，具体的に考察してきました．

　本書に登場する問題は，どれも，人間と社会にとって普遍的な重要問題であり，哲学者たちが問い続けてきた問題です．

　では，こうした哲学的な考え方を，現代社会の問題の解決に役立てるためには，どうしたらよいのでしょうか．本章では，ケーススタディとして，現代に特徴的な問題をいくつか取り上げ，それを哲学的な観点から考察します．

§1 新しい生命観を模索する

人間であるとはどのようなことか：脳死問題

現代では，集中治療室の発達によって，事故で重大なダメージを負った人も，命が助かる可能性が高くなっています．こうした医療技術の発達は，われわれにとって望ましいことであり，大きな恩恵を与えてくれるものです．

ですが，そのような福音の背後に，それまでにはなかった新しい問題も生じています．集中治療室のなかで，体のほかの部分は生命を維持しているのに，脳だけが不可逆的に機能を失っている，いわゆる脳死状態が生じるようになったのです．**脳死問題**とは，このような脳死患者が発生した場合に，その患者を死んでいると見なし，患者の臓器を移植のために利用することが許されるのかという問題です．

この脳死問題は，難しい哲学的問題を引き起こすことになりました．というのも，脳死状態をひとの死とみなすことは，伝統的な死の概念を否定し，新しい死の概念に置き換えることだったからです．それまで，われわれは，ひとの死とは，体全体の機能が不可逆的に失われることだと信じていました．ところが，脳死をひとの死と見なす場合，他の部分は機能していても，脳が機能を失えば，ひとは全体として死んだことになってしまうのです．ですが，人間とは，脳のことなのでしょうか．脳死をめぐる問題は，人間とは何なのかを，あらためて問いかけています．

死を選ぶ権利はあるか：安楽死問題

医療技術の進歩は，それまで不治の病であったさまざまな病気を治療可能なものにし，多くの人々が命を救われるようになっています．ですが，いまだに医療が治療できない病気も多く，苦痛に満ちた生活を強いられるひとも少なくありません．それでは，自分が不治の病であるとわかったとき，自分で死を選ぶことは許されるでしょうか．

　不治の病で苦しむ末期患者に安楽死処置を施してよいのかという問題は，古くから論争されてきた問題であり，最近では，みずからの尊厳を守るために，権利の行使として安楽死を希望する**尊厳死**の考え方も普及してきました．しかし，現在の日本では，自分の死を自分で決定することを認める**死の自己決定権**は，法的に認められていません．はたして，人間には，自分の死を自分で選び取る権利があるのでしょうか．

生命を操作することは許されるか

　現代では，人間が人為的に生命操作をおこなう技術が進歩しつつあります．たとえば，クローンや iPS 細胞の技術を使った遺伝子治療などの医療技術は急速に進歩しており，いずれは，人間の生命に対するさまざまな操作が，普通におこなわれるようになるでしょう．

　人間の遺伝子を操作し，その性質を改変することも，しだいに可能になりつつあります．生まれてくる子どもの体力や知力や性格などを遺伝子レベルで操作して，改変することも，将来的には可能であると考えられています．そのようにして人為的に設計され作られた生命は**デザイナー・ベビー**と呼ばれていますが，人間には，そのような存在を作り出すことが許されるのでしょうか．

　19 世紀に誕生した**優生学**の思想では，人間はみずからの性質をより優れたものに改変すべきであり，より優れた人間を増やすことは社会の義務だと考えられていました．では，そうした操作が可能になったいま，われわれは，つぎの世代をより優秀なものとするために，デザイナー・ベビーを作ることを認めてよいのでしょうか．

考えてみよう　このセクションでは，生命をめぐる問題に関して，さまざまな問題が指摘されました．これらの問題に対して，あなたはどう考えますか．たんに賛成か反対かではなく，具体的な理由も考えてみましょう．

§2 これからの環境問題を考える

なぜ自然を守らなければならないのか

現代では，環境破壊が進行し，地球規模の環境問題が発生しています．現代における環境破壊の主な原因は，豊かで快適な生活を求める人間の欲求にあると考えられています．先進国における大量の消費と廃棄を前提とした経済と，そうした先進国を追う発展途上国の経済発展と人口増加などが，森林破壊や海洋汚染，あるいは地球温暖化などの深刻な影響を及ぼしているのです．

近代の社会は，自然環境を支配の対象として捉え，人間のために利用しようとしてきました．しかし，現在では，技術による自然支配は破綻し，地球はその限界を見せはじめています．

そうした状況で，われわれは，人間と環境の関係をあらためて問い直し，新しい関係を作っていかなければなりません．しかし，そのようなことは，どうすれば可能になるのでしょうか．

自然そのものに価値はあるのか

哲学では，人間と環境の新しい関係性をめぐる考察も，さかんになされています．これまでは，自然環境は，人間にとって利用の対象であり，人間の生活を豊かにするための資源としての意味しか持ちませんでした．しかし，自然環境は，ほんとうに道具としての意味しか持たないのでしょうか．

現在では，**人間中心主義**の考え方に対する反省から，自然環境そのものに価値を認め，人間は，その自然環境の一部として，環境を保全する義務を持つのだという**人間非中心主義**という考え方も登場しています．たとえば，アメリカのレオポルドという思想家は，土地の土や水を基盤にした生態系全体の価値を認め，人間も，そのような土地の一構成要素にすぎないのだという**土地倫理**の考え方を提唱しました．この考え方に従えば，人間は，土地という共同体の一員として，土地を保全する倫理的義務を負っていることになるでしょう．

　人間以外の存在にも，人間と同様の権利があるのだという考え方も存在しています．たとえば，**ピーター・シンガー**は，動物も苦しみの感覚を持つ以上，人間によって苦しめられない権利を持つのだという，**動物の権利論**を主張しました．

　このように，現代では，自然そのものに独自の価値があるという視点から，人間中心的な倫理を批判し，新しい倫理を作ろうという動きがあります．ですが，そもそも倫理とは，人間同士の間で成立するものであることも確かです．われわれは，ほんとうに，人間以外の存在に対しても，倫理的な義務を負っているのでしょうか．

なぜ未来世代のことを考えなければならないのか

　環境問題では，世代間の関係が重要な意味を持っています．われわれが，自然環境を，これまでの価値観に従って破壊し続けたとき，被害を受けるのは，**未来世代**だからです．では，われわれは，そのような，いまだ存在していない未来の人間たちに対して，道徳的な義務を負っているのでしょうか．

　これまでの倫理では，われわれが義務を負い，配慮しなければならないのは，われわれと同時代に存在している人々でした．なぜなら，権利と義務の関係が成立するためには，利益や不利益を受ける人間が現実に存在し，自分の権利を主張する必要があるからです．

　未来にどのような人々が存在し，どのような価値観を抱くのかを，われわれは知ることなどできません．そのような仮想的な人間に対して，われわれは，どのような義務を負っていると考えるべきなのでしょうか．

考えてみよう　このセクションでは，環境をめぐる問題に関して，さまざまな問題が指摘されました．これらの問題を踏まえ，これからの人間と環境との関係がどのようなものであるべきかを考えてみましょう．

§3 グローバル化する社会をどう生きるか

世界のグローバル化

現代は，グローバル化が進展し，ひとの交流や，経済的活動や，さまざまな情報のやり取りが，国境を越えて自由になされるようになっています．

こうした大きな社会的変化は，世界全体の交流を深め，世界の一体化を促進することにつながります．その結果として，互いに異なる文化や宗教観の相互理解を深める**異文化理解**の重要性が認められ，それぞれの文化の固有の価値を互いに尊重しあおうとする**マルチカルチャリズム**（多文化主義）の思想も普及しています．

しかし，その裏返しとして，世界各地で，さまざまな政治的・文化的・宗教的対立が生じ，**ナショナリズム**（国家主義）や**エスノセントリズム**（自民族中心主義）のような思想が，世界中で強まっていることも事実です．こうした状況のなかで，われわれは，どのように生きていけばよいのでしょうか．

哲学と主体的生き方

哲学とは，批判的な立場から，自分と他者の世界観や価値観を再検討し，その基盤を問い直していく営みです．哲学を学ぶことは，自分が正しいと信じている文化を相対化し，特定の社会が与える価値観をうのみにせずに，徹底的に吟味していく知的な姿勢をもたらしてくれるでしょう．

哲学の批判的な思考は，一見すると，われわれが何を信じてよいのかわからない状態にしてしまうと思われるかもしれません．しかし，そうではなく，哲学的な吟味を通してこそ，自分の価値観を再構築して，より確かなものにするとともに，他者の価値観を吟味して，その意味を評価し，尊重する態度を身につけることができるようになるのです．

こうした主体的な態度の獲得は，自分をそれまでの狭い考え方や，自己中心的な関心から解放し，新しい自分の発見に導いてくれるものです．自己は，つ

ねにそれまでの自己の限界を超え，新しい自己に進展していく可能性を秘めています．自分の身の回りの極めて狭い範囲のことにしか関心が向かない状態から，他者や異文化に，そして世界全体へと関心を広げていくことができるのです．

相対主義の時代を生きる

こうした知的態度の獲得は，自分の内部に向けられていた内向きの関心を外に広げ，社会への関心を作り出すとともに，他者と対話する姿勢を生み出してくれるでしょう．

グローバル化する世界は，あらゆる文化が共存する，**文化相対主義**の世界です．そして，そうしたなかで生きるわれわれの価値観もまた，ますます相対主義的なものになっています．

相対主義は，他者や異文化に対する無関心と不干渉を帰結する思想として批判されることもあります．たしかに，現代社会に蔓延する相対主義的な雰囲気は，絶対的な正しさや，共通の価値への不信感によって生まれているものです．しかし，本来の相対主義は，そのような後ろ向きの思想ではありません．相対主義の真の課題は，異なる価値観に対する尊重と寛容を基盤にして，人々が互いに認め合える社会を実現することにあるのです．

哲学的な思考方法は，われわれが他者と対話し，深い相互理解を作っていくために力になってくれるものです．そして，そうした姿勢を，われわれひとりひとりが身に付け，主体的に社会に参画してこそ，ほんとうに幸福な社会は実現するのではないでしょうか．

考えてみよう　グローバル化が進む社会のなかで，あなたの生活はどのように変化していくでしょうか．自分の将来像を思い描き，そこでの自分の生活を想像してみましょう．

▶▶▶ コラム　カントと永遠平和

　多様な価値観を越えて，ひとつの平和な世界を作るという理想は，古代ギリシャの時代から存在していました．古代ギリシャの**ストア派**[A5]の哲学者たちは，すべての人間は，属する国や身分などに関係なく，理性を持った存在として，平等であると主張し，われわれはすべての人々を同胞と見なすべきだという**コスモポリタニズム**（世界市民主義）の理想を掲げていました．

　このコスモポリタニズムは，近代になって，**カント**[B8]においてよみがえることになります．カントによれば，人間はみな，理性の力で道徳法則を認識し，道徳的に行為することができるがゆえに，すべての人間が**尊厳**を持っているのです．

　カントは，当時の国々が，それぞれの民族に分かれて互いに争い，いっこうに戦争を止めようとしない現実を批判し，『永遠平和のために』（1795 年）を執筆しました．カントによれば，永遠平和こそが，人類に課せられた課題であり，そうした世界においてこそ，カントが理想とする**目的の国**，すなわち，すべての人間がたんなる手段ではなく，目的として取り扱われる社会が実現するのです．そのために彼は，国家間の紛争を，武力によってではなく，国家間の協力によって解決するための国家間の連合組織の設立の必要性を強調しました．こうしたカントの考え方は，現在の国際連合の理念のさきがけとなるものです．

📖　読書案内

森岡正博『生命観を問いなおす　エコロジーから脳死まで』筑摩書房（ちくま新書），
　　　1994 年

加藤尚武『環境倫理学のすすめ』丸善（丸善ライブラリー），2003 年

加藤尚武『新・環境倫理学のすすめ』丸善（丸善ライブラリー），2005 年

● 付　録

哲学の歴史と哲学者たちの思想

凡　例

・哲学の歴史を，地域と時代によって，西洋古代中世哲学，西洋近代哲学，西洋現代哲学，東洋哲学の四つに区分しています．

・各区分では，まず歴史年表と歴史の流れの概略を見開きで示し，その後，本書に登場する主要な哲学者たちの解説をしています．

・哲学者たちの解説では，それぞれの哲学者の生涯と，その思想の特徴とポイントを簡潔にまとめました．

・人物名の表記や生没年は，『岩波　哲学・思想事典』，岩波書店，1998年に準拠しています．

西 洋 古 代

年代	西洋の出来事	哲学者たち
紀元前 900	古代ギリシャ文明が登場	**自然哲学** タレス　アナクシマンドロス
600		ヘラクレイトス　　ピュタゴラス パルメニデス　　　ゼノン エンペドクレス　アナクサゴラス
500	ギリシャ世界がペルシャ戦争に勝利	デモクリトス
450	アテネの全盛時代	
		ソクラテス・プラトン・アリストテレスの哲学
400	アテネとスパルタとのペロポネソス戦争	ソクラテス
		プラトン
300	アレクサンドロス大王の東方遠征	アリストテレス
200		**ヘレニズム期の哲学**
100		ゼノン　　　　　　　　　　エピクロス
紀元後 100	ローマ帝国誕生	**ローマ期の哲学** セネカ　エピクテトス プロティノス
	キリスト教がローマ帝国国教となる	**教父の哲学** アウグスティヌス
400	ローマ帝国が東西に分裂	
500	西ローマ帝国滅亡 フランク王国誕生	
		スコラ哲学
1200		トマス・アクィナス　　　オッカム
1300		
1400	イタリア・ルネサンス始まる	**ルネサンスの哲学** フィチーノ　ピーコ・デッラ・ミランドラ

中　世　哲　学

1．自然哲学

　哲学のはじまりは，古代ギリシャにおける自然世界の探求にありました．多くの哲学者たちが登場し，自然世界の原理を探求しています．自然哲学は，しだいに高度な理論化を遂げていき，現代の科学理論に近いものになっていきました．

2．ソクラテス・プラトン・アリストテレスの哲学

　自然哲学の時代の終りころに，ソクラテスが登場します．ソクラテスは，哲学の関心を，自然世界から，人間の生き方という倫理的問題に転換していきました．プラトンは，この流れを引き継ぎつつ，それまでの自然世界への関心も取り込んで，イデア論を中心とする体系的哲学を作り出しました．アリストテレスは，プラトンのイデア論の立場を批判的に継承し，独自の理論に基づく体系的哲学を作り出し，学問のあらゆる分野を網羅する体系を作り上げました．

3．ヘレニズム〜ローマ期の哲学

　マケドニアのアレクサンドロス大王の東方遠征によって，地中海世界が統一されると，時代は大きな変化を遂げ，ストア派とエピクロス派の二大学派の時代に突入します．これらの学派は，理論よりも実践を重視し，人間の幸福を追求しました．

4．キリスト教の哲学

　ローマ帝国の末期から，ヨーロッパ世界は本格的なキリスト教の時代に突入していきます．キリスト教の教父たちは，古代ギリシャ哲学を引き継いで，キリスト教の哲学を作り上げていきます．中世に入ると，ヨーロッパ各地に大学が生まれ，キリスト教の教義が哲学的に体系化されていきます．そのなかで，キリスト教世界独特の哲学であるスコラ哲学が生まれ，普及しました．

5．ルネサンスの哲学

　中世末期に，イタリアでルネサンス運動が起こると，哲学の新しい流れが生まれ，近代に引き継がれていきます．

■ A1 ■　自然哲学者たち

❖フィロソフィアのはじまり

　哲学（フィロソフィア）のはじまりは，紀元前6世紀ころの古代ギリシャの都市国家ミレトスに登場したミレトス派の探求であったと考えられています．ミレトス派の哲学者たちは，世界の原理（アルケー）を探求しました．たとえば，最初の哲学者といわれるタレスは，世界の原理は水であり，世界は水から生じ，水によって存立していると考えました．こうした初期の哲学は，神話的な世界観の影響を強く受けていますが，こうした世界の原理を，言葉（ロゴス）によって理論的に探求しようとしている点で，それまでにはない，まったく新しい知的探求だったのです．

❖自然哲学の発展

　ミレトス派の哲学の影響で，世界の原理の探求は，ギリシャ世界に広まっていき，多様な学説が生み出されていきました．たとえば，ヘラクレイトスは，世界の原理は火であり，世界は火という原理によって，つねに変転し続けるのだという，万物流転の学説を唱えました．また，ピュタゴラスは，世界の原理を数であるとし，数という非物質的な原理が数的な法則によって世界を支配しているからこそ，この世界（コスモス）は，調和した美しい世界なのだと主張しています．

❖エレア派の哲学と原子論

　感覚によって把握される経験的世界の原理を探求する哲学者たちに対して，根源的な批判を投げかけたのが，エレア派のパルメニデスです．パルメニデスは，生成変化するこの世界は，〈ある〉と〈ない〉が入り混じった世界だが，〈ない〉ものを理性によって捉えることはできないと批判し，その弟子のゼノンは，それを論理的パラドクスとして提示しました．これに対して，デモクリトスは，この世界は，原子と空虚という二つのものから出来ており，空虚も存在するのだという原子論の理論を提唱し，エレア派の批判に答えようとしました．

　ピュタゴラス　　　パルメニデス　　　　ゼノン　　　　デモクリトス

■A2■　ソクラテス Sōkratēs（B.C. 470/469–399）

古代ギリシャの都市国家アテネに生まれる．デルフォイ神殿の神託を受けたことをきっかけに，「無知の知」の思想に至り，人々と，徳とは何かをめぐる対話をおこなう．ペロポネソス戦争敗戦後，若者を堕落させた等の罪で告発され，死刑判決を受けて刑死した．

❖「無知の知」の思想とフィロソフィア

あるとき，ソクラテスの友人がデルフォイ神殿に赴き，「ソクラテスよりも知恵のある人間はいるか」と尋ねましたが，神託の答えは，だれもいないというものでした．ソクラテスはこの神託に困惑しますが，やがてその真意に気づきます．すなわち，自分以外の人たちは，人間にとって価値あるものは何かを知らないのに，知っていると思い込んでいますが，ソクラテスは，それを知らないということをよく自覚しています．それゆえ，ソクラテスは，知らないことを自覚している点で，ほかの人々よりも，少しだけ知恵があることになるのです．ソクラテスは，人々に無知の自覚を促し，ほんとうの知恵の探求に向かわせようとしました．これが，知恵を愛し求める営みである哲学（フィロソフィア）の，もうひとつのはじまりなのです．

❖対話と哲学

ソクラテスは，人々と対話をすることによって，人間にとって価値あるものは何かを探求しましたが，その具体的主題は，「徳とは何か」という問題でした．ソクラテスは，その問題を探求するために，対話相手の意見を聞きだし，そこに潜む論理的問題点を指摘することを通して，相手の考えを吟味していきました．こうしたソクラテスの探究方法は，エレンコス（論駁）と呼ばれ，哲学的な探究方法の原型といえるものです．

❖「よく生きること」と幸福

ソクラテスは，人間にとって重要なのは，たんに生きることではなく，「よく生きる」ことだと考え，それを幸福という言葉で表現しました．ソクラテスは，そのような生は，正しいものでなければならないと考え，不正をおこなわずに正しく生きることが重要だと述べています．

■ A3 ■ プラトン Platōn（B.C. 428/427-348/347）

 古代ギリシャの都市国家アテネの名門の家系に生まれる．ソクラテスに師事し，彼が刑死した後，ギリシャ各地を遍歴した．アテネに帰国後，アカデメイアを創設し，哲学の研究と教育をおこなった．著作として，『ソクラテスの弁明』『メノン』『饗宴』『国家』『ティマイオス』などがある．

❖イデア論を中核にした体系的哲学

　プラトンの哲学は，**イデア論**と呼ばれる理論を中核にして作られた体系的哲学です．プラトンによれば，感覚によって捉えられる世界は，流動する不完全な世界です．これに対して，**イデア**は，感覚ではなく知性によって把握される実在であり，永遠で完全なものです．たとえば，感覚世界に存在する机は，みな不完全で，いずれは滅びますが，机のイデアは，机の完璧なモデルであり，感覚的世界の机はみな，この机のイデアを範型にして作られています．プラトンは，このイデア論を基盤にして，自然世界や人間社会の理論を作っていきました．

❖魂の構造と不死性

　プラトンによれば，人間は，魂と肉体という，まったく異なる実体からできています．魂は，物質的なものではなく，滅びることがありません．この魂のはたらきには，三つの区分があり，それぞれが独自の役割と徳を持っています．すなわち，**知性的部分**が，いかに行為するのがよいのかを判断し，**意志的部分**がそれに従って行為して，**欲望的部分**がその邪魔をしなければ，人間は正しい行為をすることができ，そこに**正義**の徳が生まれるのです．

❖政治思想

　プラトンは，人間の共同体も，魂と同じ構造をしていて，三つの階層から出来ていると考えました．そして，魂と同様に，統治者階級の下す判断に，守護者階級と生産者階級が忠実に従うことで，共同体の正義が実現すると主張しました．しかし，そのためには，統治者階級がつねに最善の判断を下さなければなりません．そのため，プラトンは，**善のイデア**の知識を持つ哲学者が統治者にならなければならないとしました（**哲人王**）．このような政治への理想から，彼は，当時の直接民主主義を不完全な政治制度として厳しく批判しました．

■ A4 ■ アリストテレス Aristotelēs（B.C. 384–322）

 古代ギリシャのマケドニアに生まれる．17歳でプラトンの学園ア
カデメイアに入学し，頭角をあらわす．プラトンの死後は，アテネ
を離れ研究に従事．アレクサンドロス大王の教育にも携わる．その
後アテネに戻り，学園リュケイオンを創設．研究と教育に従事．論
理学，自然学，哲学，倫理学などの多数の著作を残した．

❖言葉と実在

　アリストテレスは，**論理学**の創始者であり，言葉を使った論理的探求の方法論を
確立しました．彼は，言葉を，世界を映し出す思考の道具であると考え，人間の論
理的思考の構造を，**三段論法**の理論として体系化しています．その理論体系は，**古
典論理学**として，現在でも論理学の基本となっています．

❖自然世界の構造

　アリストテレスは，師のプラトンと同様に，われわれの生きる自然世界を生成変
化する世界として理解しました．ですが，プラトンとは異なり，自然世界には普遍
的な原理が内在しており，われわれは，それを知性によって把握することができる
と考えました．

　アリストテレスによれば，自然世界は，**実体**と呼ばれる実在的な個物からなって
います．実体は，それにかたちを与える**形相**と，その物質的な素材となる**質料**によ
って作られる合成体です（**質料形相論**）．形相は，実体を世界に存立させる力であり，
その力によって，個々の事物は存在しているのです．これら二つの力は，自然世界
の実体を作り出す原因ですが，アリストテレスは，ほかにも自然世界の原因として，
起動因と目的因という二つの原因を挙げています．

❖社会と徳

　アリストテレスは，社会とは，たんに生活の必要のためだけではなく，人間がさ
まざまな**活動**をおこなうために不可欠のものと考えました．当時の社会は，ポリス
という小規模な都市国家であり，ポリスの市民たちは，ポリスの政治に直接参画し
ていました．彼は，そのようなポリス社会を，人間が自分の優れた**徳**を発揮する場
であると考えました．そして，そのような実践的な活動の生のなかに，人間の**幸福**
は実現すると考えたのです．

■ A5 ■ ゼノン（キュプロスの）Zēnōn（B.C. 335 頃–263 頃）

エーゲ海キュプロス島の都市キティオンに生まれる．商人であったが，アテネに来て哲学を学ぶ．アテネの中心部にあった公共施設ストア・ポイキレーで講義を始め，ストア派の祖となった．エレア派のゼノンと区別して，キュプロスのゼノンと呼ばれている．

ゼノンは，**ストア派**の創始者です．ストア派の哲学は，当時存在していたさまざまな学派の理論を集大成した体系的哲学で，ゼノンの活動を引き継いだ弟子の**クレアンテス**や**クリュシッポス**などによって完成された後，ローマ帝国の時代まで存続して栄えました．ストア派の哲学では，人間の持つ理性の力を重んじ，世界を動かしている自然の理法（**ロゴス**）を把握して，それに従って生きることを理想としています．それゆえ，ストア派の哲学者たちは，人間が持つ感情を，理性的な行為を妨げるものと見なし，感情を克服して理性的に行為すること（**アパテイア**）を目指しました．

■ A6 ■ エピクロス Epikouros（B.C. 341?–270）

エーゲ海のサモス島に，アテネの植民者の子として生まれる．若い頃から哲学を学び，成人してアテネ市民権を獲得すると，アテネに移住して，学園を開設．学園で弟子たちと静かな共同生活を送りながら，教育と著述活動をおこない，エピクロス派を形成した．

エピクロス派は，**快楽主義**を唱え，何ものにも煩わされない静かな生活（**アタラクシア**）を推奨した学派ですが，その哲学の理論は，自然哲学の一派である古代原子論を下敷きにして作られています．古代原子論では，世界は**原子**と**空虚**という二つのものから出来ており，空虚のなかを必然に従って運動する原子によって，事物は成り立っているという唯物論的な世界観を抱いています．エピクロス派は，この世界観をもとに，人間の心もまた原子の運動によって作られる物質的な働きであると考えました．しかし，彼らは，こうした唯物論的な心の理解ゆえに，**自由意志**をめぐる問題に悩まされることになったのです．

■ A7 ■　セネカ　Lucius Annaeus Seneca（B.C. 1（?）-A.D. 65）

スペインのコルドバに生まれる．ローマで弁論術とストア派の哲学を学び，その後，政治家として活躍．ローマ皇帝ネロの教育係をつとめ，ネロの政治を補佐したが，謀反の嫌疑をかけられ，みずから命を絶った．政治生活の傍らで，『人生の短さについて』『怒りについて』などの多数の著作を執筆した．

　セネカは，古代ローマの哲学者ですが，その思想は，古代ギリシャに誕生した**ストア派**の哲学を基盤としています．ストア派は，ローマ帝国の時代まで引き継がれ，栄えました．ローマ時代のストア派と古代ギリシャのストア派の違いは，その実践性にあります．ストア派の哲学は体系的哲学ですが，ローマ時代になると，しだいに人間の生き方を説く実践哲学になっていったのです．セネカも同様に，人間の倫理的な生き方を追求しました．時間論も，同様の文脈で考察されています．セネカと並ぶローマ時代のストア派の哲学者として，エピクテトスやマルクス・アウレリウスなどがいますが，彼らはみな，人間の理想的な生き方を追及した哲学者です．

■ A8 ■　アウグスティヌス　Augustinus（354-430）

北アフリカの都市タガステに生まれる．カルタゴに遊学し，修辞学を学ぶが，放蕩生活を送り，マニ教に入信．その後，マニ教から離れ，ミラノでキリスト教に回心する．その後，ヒッポの司教となり，『告白』や『神の国』を執筆．キリスト教の教義の確立と教会の指導に尽力した．

　アウグスティヌスは，初期のキリスト教を代表する**教父**であり，**三位一体論**などのキリスト教の代表的な教義を理論化した人物です．アウグスティヌスの哲学は，古代ギリシャ哲学の影響を受けつつも，キリスト教独自の人間観に基づいて形成されました．アウグスティヌスの人間観の根底にあるのは，完全な善である神と，悪に向かう不完全な人間という対比です．人間を理性的存在と考えるギリシャ的な人間観に対して，アウグスティヌスは，人間は**原罪**を持ち，神の**恩寵**にすがることによってしか救われないと考えるのです．人間を時間的存在と考え，神の永遠と対比させる彼の発想も，こうした人間観に由来しています．

西　洋　近

年代	西洋の出来事	哲学者たち		
1500	コロンブスがアメリカ大陸を発見 ルターの宗教改革	**自然科学の登場** 　コペルニクス　ケプラー　ガリレイ		
	カルヴァンの宗教改革	**理性主義の哲学**		**経験主義の哲学**
1600		デカルト パスカル スピノザ ライプニッツ		ベーコン ホッブズ ロック バークリ ヒューム
	イギリス・ピューリタン革命			
1700	イギリス名誉革命	ルソー カント		
	イギリスで産業革命始まる	**ドイツ観念論**		
1800	アメリカ独立宣言 フランス革命	フィヒテ シェリング ヘーゲル		**功利主義** ベンサム ミル
		スペンサー		

代　哲　学

1．自然科学の登場

　ルネサンスのころから，自然科学が登場してきます．自然科学は，独自の方法論を確立していき，当時主流であったスコラ哲学を批判しました．

2．理性主義の哲学

　哲学の世界でも，スコラ哲学に対する批判が強くなり，哲学の新しい方法論が模索されていきます．デカルトは，方法的懐疑を通じて，新しい哲学の方法を模索しましたが，その後，デカルトの影響のもとに，理性を重視して，合理的に世界を探求しようとする哲学の流れが生まれました．

3．経験主義の哲学

　デカルトと同じころ，イギリスでは，少し異なる動きが生まれます．ベーコンは，人間の知識の根源は経験にあるとし，人間が新しい知識を発見する方法を探究しました．ホッブズも同様に，経験主義的な人間理解を提示しています．この流れは，ロック，バークリ，ヒュームと続く，イギリス経験論の潮流となります．

4．ルソーとカントの哲学

　ルソーは，人間社会を社会契約説に基づいて考察し，哲学の関心は，社会や倫理に向かうことになります．こうした流れのなかで，カントは，理性主義と経験主義をひとつにまとめ，人間の認識の構造を明確にするとともに，ルソーの影響のもとに，倫理の哲学的な基礎づけをおこないます．

5．ドイツ観念論

　ドイツでは，カントの哲学が帰結する人間の認識の限界を乗り越えるべく，ドイツ観念論が登場し，ヘーゲルが体系的哲学を完成させます．

6．功利主義

　他方，イギリスでは，経験主義の伝統のなかで，快楽主義に基づく新しい社会改革理論である功利主義が登場しました．

■B1■ デカルト René Descartes（1596-1650）

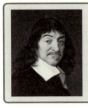 フランス中部のトゥーレーヌ州ラ・エイに生まれる。少年の頃にスコラ哲学の教育を受けるが失望し，大学で学位取得後は，世間を知るために，旅行や軍隊生活を送る。20代のころ，新しい学問の基礎を見いだし，その後は，哲学と自然科学の研究に没頭する。著書に『方法序説』『省察』『哲学原理』『情念論』など。

❖方法的懐疑と明晰判明な知

デカルトは，若いころに学んだ中世のスコラ哲学の考え方に満足できず，まったく新しい学問の基礎を見いだそうとしました。そのために，彼は，**懐疑主義**の手法にのっとり，すべての知の確実性を疑うところから出発しようとします（**方法的懐疑**）。彼は，感覚的な知だけでなく，数学のような確実だと思われている知も疑い，最終的には，絶対に疑いえないものとして，疑っているわたしの存在の確実性に至りつきます（「わたしは考える。だから，わたしはある（コギト・エルゴ・スム）」）。デカルトは，わたしの存在は，わたしにとって，**明晰**で**判明**なものであることから，意識にとって明晰かつ判明であることを真理の根拠であると考えました。

❖心身二元論

デカルトは，コギトとしてのわたしは純粋な意識であり，物質的なものではないと考えました。デカルトによれば，考える働きである**精神**は，**思惟**を本質とする**実体**であり，**延長**を本質とする物質的な実体とは異なるものです。ここから，デカルトは，人間は精神と身体という異なる実体の結合体であるとする**心身二元論**の立場を打ち出しました。

❖機械論的世界観

デカルトは，物質的な世界は，因果法則によって必然的に運動する世界であるとする**機械論的世界観**を提唱しました。デカルトによれば，精神を持たない動物は，一種の精密機械のようなものであり，因果的なメカニズムによって必然的に動くものでした。このような機械論的な生命観は，生物の働きを科学的に解明していくために好都合でしたが，デカルトは，人間の身体もまた，精神が操る機械のようなものだと考えたため，非物質的な精神と物質的な身体の関係を説明するのに苦慮することになりました。

■ B2 ■　ベーコン Francis Bacon（1561-1626）

イギリスのロンドンに生まれる．12 歳でケンブリッジ大学に入学するが，中退．その後，法律を学び，政治家として活動するとともに，『ノヴム・オルガヌム』『ニューアトランティス』などの著作を執筆．法務長官，大法官などの重職を歴任するが，収賄罪で告発され，失脚して後は，著述活動に専念した．

　ベーコンは，イギリスのルネサンス期を代表する思想家であり，デカルト同様，伝統的なスコラ哲学の考え方に反対し，新しい科学的思想を作り出した人物です．ベーコンは，新しい時代の学問は，人間の経験を基盤に構築されるべきであると考え，**帰納法**という経験的な知識の探究方法を作り出すとともに，人間の精神に潜むさまざまな認識の欠陥を**イドラ**と呼び，いかにして偏見を排した客観的な知識を構築するかを考えました．ベーコンは，新しい時代の科学技術は，人類の福祉のために役立てられるべきものであると考え，「**知は力なり**」という標語のもとで，科学技術による理想社会の構築を構想しています．

■ B3 ■　ホッブズ Thomas Hobbes（1588-1679）

イギリス（イングランド）に生まれる．オックスフォード大学で学び，卒業後は貴族の家庭教師をつとめる．52 歳のときに出版した『法学原理』が絶対王政の擁護と見なされて批判をあび，フランスで 10 年あまりの亡命生活を送るが，『リヴァイアサン』出版後，イギリスへの帰国を果たした．

　ホッブズは，西洋近代の政治思想の源流ともいえる思想家であり，彼が提示した理論的枠組は，その後の政治思想の基本となりました．彼によれば，人間は利己的な存在です．それゆえ，**自然状態**では，人間は各自の利益を追求して，社会は，自分の利益を求めて争う闘争の場となってしまいます（**万人の万人に対する争い**）．人々は，このような状態から脱するために，自分の自然権を放棄して，国家に譲渡し，自分の権利が他者によって侵害されることを防ごうとしました．それゆえ，国民は，国家の力に絶対的に服従しなければなりません．こうした強大な力を持つ国家を，ホッブズは，旧約聖書に登場する怪物**リヴァイアサン**にたとえています．

■B4■ ロック John Locke（1632-1704）

 イギリス（イングランド）に生まれる．オックスフォード大学に入学するが，スコラ哲学に失望し，経験主義的な哲学と自然科学を学ぶ．卒業後，政治家であるシャフツベリ伯爵の秘書となり，名誉革命後のイギリスの政治に寄与した．『人間知性論』『統治二論』『寛容についての書簡』などの著書がある．

❖知識と経験

ロックは**経験主義**の立場に立ち，人間が経験に先立って生得的な知識を持っていること（**生得観念**）を否定しました．ロックによれば，人間の心は，何も記されていない板（**タブラ・ラサ**）であり，経験によってそこに情報が書き込まれていきます．たとえば，色や匂いのように，感覚を通して得られた**印象**が，観念として心に定着し，蓄えられると，そうした簡単な**単純観念**が結合していくことによって，複雑な**複合観念**となり，知識として体系化されていくのです．

❖社会契約説

ロックは，生涯を通して政治に携わり，政治の哲学的理論の構築につとめました．そのなかでも，彼の提唱した社会契約の理論は，その自由主義的な政治思想をよく反映しています．ロックによれば，**自然状態**における人間は，普遍的な法である**自然法**に従うことができ，自分の生命と自由と財産に対する平等な権利を持っていました．ところが，人間が労働によって財産を所有するようになると，財産を失ったり，奪われたりする危険性が生じ，社会は不安定な状態となります．そこで人々は，自分の権利の一部を公的権力に委託し，法によって自分の所有権を守れるようにしたのです．それゆえ，ロックによれば，公的権力の力は絶対的なものではありません．権力が人々の利益に反するときには，人々は，権力への**抵抗権**を持つのです．

❖人格の同一性

ロックによれば，人間はみな**人格**であり，人格であるがゆえに権利を持っています．ロックは，人間が人格であることの根拠を，**自己認識**と**記憶**の力に求めました．すなわち，人間は知性を持ち，自分を自分と認識して，過去から未来にわたる自己を，同一のものとして認識し，保持し続けられる存在であり，そのような力を持つからこそ，つねに同一の人格として認められるのです．

■B5■　バークリ　George Berkeley（1685–1753）

アイルランドに生まれる．ダブリンのトリニティ・カレッジを卒業後，同校に留まり，研究・著作活動に携わるとともに，聖職者として活動した．各地の知識人と交流を持ち，他分野にわたる研究活動をおこなうとともに，熱心な教会活動に取組んだ．哲学の著作として，『人知原理論』がある．

　バークリは，「**存在するとは，知覚されていること**」というテーゼを掲げ，知覚とは独立して，心の外部に事物が存在することを否定しました．バークリにとって，われわれが確実にその存在を捉えることができるのは，知覚された内容（すなわち**観念**）だけなのです．われわれの心の外部にあり，知覚の原因となっていると想定されるような外的な事物については，われわれは，その存在を確実につかむことができません．バークリがこのような**知覚一元論**を提唱した背景には，懐疑主義や唯物論的な思想からキリスト教を守り，精神の優位性を保証しようとする宗教的な動機がありました．

■B6■　ルソー　Jean-Jacques Rousseau（1712–1778）

スイスのジュネーブに生まれる．子どものころに一家が離散し，徒弟生活を送る．その後，各地を転々とするが，16歳のときに庇護者を得て，教育を受ける．30歳でパリに出て，知識人たちと交わりながら，貧困生活のなかで著作活動をおこない，『社会契約論』や『エミール』などを出版した．

　ルソーは，**自然状態**において，人間は自由で平等であり，他者への憐れみの感情を持っていると考えました．彼にとって，そのような自然状態こそが，人間にとっての理想的状態です．ところが，社会に**私有財産制**が生じると，人々の間に不平等が生まれるようになり，富をめぐって，人々が互いに争うようになります．政府が生まれたのは，こうした状況から人々を保護し，安全を守るためです．それゆえ，主権はあくまでも人民の側にあり，国家が公共の利益を守る**一般意志**に従うかぎり，その権力は認められるのです．こうしたルソーの思想は，その後の**フランス人権宣言**に大きな影響を与えました．

■B7■ ヒューム David Hume（1711-1776）

 イギリス（スコットランド）に生まれる．12歳でエディンバラ大学に入学し，その後，フランスに遊学する．代表作である『人間本性論』を執筆し，名声を得て，駐仏大使館で大使の秘書や代理をつとめる．ルソーと親交があり，彼の活動を援助した．帰国後はエディンバラで余生を送った．

❖観念の結合と因果性

　ヒュームは『人間本性論』において，人間に関するあらゆる学問の基礎として，まず人間の本性を探求しようとしました．彼は，人間の認識は，**知覚**によって作られると考え，人間の心は，「**知覚の束**」だと見なしました．彼によれば，知覚による印象から形成されるさまざまな観念が，互いに結合し，体系化することで，知識は形成されます．このとき，観念の連合は，類似や接近，あるいは因果などの思考の規則によって作られていきます．ヒュームによれば，われわれは二つの観念が恒常的に連接している状態を因果関係だと見なしていますが，われわれは，たんにその連接を経験的に必然的だと信じているにすぎません．このように，ヒュームは，われわれが心の外に成立していると思っている事態は，じっさいにはわれわれの信念にすぎないのだという懐疑主義的な立場に立っています．

❖他者への共感

　ヒュームは，人間の倫理の基盤として，人間の持つさまざまな情念の重要性を強調しました．彼によれば，われわれの道徳的意識は，理性によって作られるものではなく，情念による感情的な反応です（**理性は情念の奴隷**）．人間には，他者の幸福や苦しみを見て，それに同情する道徳的な感情が備わっており，そのような情念が人間に備わっているからこそ，われわれは，道徳に従って行為することができるのです．

❖自由意志

　自由意志をめぐる発言も，ヒュームの人間科学の一環としてなされています．彼によれば，たとえ人間の意志の働きが必然の結果であったとしても，それが不本意な強制によるものでないかぎり，人間は自由だといえます．このようにして，ヒュームは，彼の人間科学を，自然科学の世界観と調和させようとしたのです．

■ B8 ■　カント　Immanuel Kant（1724–1804）

プロイセン王国（現在のドイツ）の都市ケーニヒスベルクの敬虔な
クリスチャンの家庭に生まれる．ケーニヒスベルク大学卒業後，家
庭教師をしながら研究．母校の教授となり，『純粋理性批判』『道徳
形而上学批判』『実践理性批判』『判断力批判』などの著作を執筆し
た．

❖人間の認識と物自体

カントは，『純粋理性批判』において，人間の認識の構造とその限界について考察
しました．カントによれば，われわれの理性には，世界を認識する枠組が，あらか
じめ埋め込まれており，その枠組に従って，われわれは世界を経験します．時間も
空間も，世界に実在しているものではなく，われわれが世界を認識するための枠組
にほかなりません．こうした理性の枠組があるために，われわれは，世界を因果的
な自然法則に従った世界として，科学的に認識することができます．しかし，それ
ゆえ，われわれは，人間の経験を超えた，世界の本当の姿（**物自体**）を知ることが
できないのです．

❖道徳法則と自由

カントは，われわれは**実践理性**によって，**現象界**とは異なる，**英知界**に存在する
道徳法則を認識することができると考えています．道徳法則とは，「〜せよ」という
無条件的な命令（**定言命法**）であり，条件付きの命令（**仮言命法**）ではありません
（例：いかなる場合でも，嘘をついてはならない）．人間は，この道徳法則を認識し
てそれに従う力（**善意志**）を持っており，みずから道徳的に行為することができる
のです（**意志の自律**）．カントは，意志が自発的に道徳法則に従って行為することを，
自由と呼びました．

❖人格と尊厳

カントは，このような道徳的行為のできる理性的存在者を**人格**と呼びました．人
格は，特別な道徳的存在者であるがゆえに，ほかの事物にはない価値（**尊厳**）を持
っています．それゆえ，人格である人間は，ほかの人格を，けっして**手段**としてだ
け扱ってはならず，つねに，**目的**として尊重しなければなりません．こうして実現
される道徳的な共同体を，カントは**目的の国**と呼んでいます．

■ B9 ■　ヘーゲル Georg Wilhelm Friedrich Hegel（1770-1831）

南ドイツのシュツットガルトに生まれる．テュービンゲン大学神学部に進み，ヘルダーリンやシェリングとともに学ぶ．卒業後，ギムナジウムの校長を経て，ハイデルベルク大学，ベルリン大学の教授をつとめた．この間，『精神現象学』『法の哲学』など多数の著作を執筆し，その後の哲学に多大な影響を与えた．

　ヘーゲルは，カント哲学の乗り越えを目指す**ドイツ観念論**を集大成した哲学者です．彼は，**弁証法**と呼ばれる理論を作り出し，それをもとに，世界の発展の構造を描き出しました．弁証法では，世界の事象は，最初はひとつの状態（**テーゼ**）を保っていますが，やがてそこに，矛盾する対立的状態（**アンチテーゼ**）が生じてきます．すると，両者の対立の中から，対立の解消された新しい状態（**ジンテーゼ**）が生まれ，新たな次元への発展（**アウフヘーベン**）を遂げるのです．ヘーゲルは，このような考えに基づいて，世界の進歩を，精神の発展として捉えようとしました．**相互承認**や，社会の進歩をめぐる考え方も，このような発想に基づいています．

■ B10 ■　スペンサー Herbert Spencer（1820-1903）

イギリスのダービーで生まれる．学校に通わず，教師の父親による家庭教育を受ける．鉄道技師として働きながら，著作活動を開始．その後，編集者をしながら，社会進化論の著作である『社会静学』を刊行．しだいに思想を発展させ，世界全体の進歩を進化論的に説明する壮大な哲学大系を構築した．

　スペンサーは，**進化論**の影響を受けた哲学者です．進化論の発想は，すでに古代ギリシャから存在していましたが，19世紀になると，**ラマルク**（1744-1829）をはじめとする，さまざまな進化論の理論が提唱されるようになりました．スペンサーの哲学は，こうした進化論の発想を，社会を含めた宇宙全体の進歩の理論に適用しようとしたもので，世界的な影響を与えました．とりわけ，その社会進化論は，社会をひとつの有機体として捉え，そこでの社会の進歩を，**適者生存**の原理による人間の進化に求めるものであり，その発想は，**ダーウィン**（1809-1882）の進化論にも大きな影響を与えています．

■ B11 ■　ベンサム　Jeremy Bentham（1748-1832）

イギリスのロンドンに生まれる．弁護士の父親から英才教育を受け，12歳でオックスフォード大学に入学．法律学の学位を取得するが，弁護士にはならず，著述活動をしながら，議会制度の改革や選挙法改正などの改革に尽力した．『道徳と立法の原理序説』のほか，政治や法律に関わる多数の書物を出版した．

　ベンサムは，当時のイギリス社会における身分や貧富の格差のなかで，貧しい人たちが苦しんでいる状況を打開するために，**功利主義**の思想を提唱し，その原理に基づいた社会改革の運動を実践しました．ベンサムは，一部の少数者しか幸福になれない社会を批判し，すべての人間が平等に幸福になれる社会を目指しました．そのために，彼は，**快楽主義**の原理に立ちました．なぜなら，すべての人間の幸福を平等に尊重するためには，万人に共通で，比較可能な幸福の基準が必要だからです．そのために，彼は，すべての人間の幸福を，その快楽の量によって測り，その総量を最大にしようとしたのです（**最大多数の最大幸福**）．

■ B12 ■　ミル　John Stuart Mill（1806-1873）

ベンサムの親友で経済学者であるジェームズ・ミルの子として，イギリスのロンドンに生まれる．父から英才教育を受ける．少年のころ，ベンサムの影響で，功利主義者となる．東インド会社の職員として活動しながら，功利主義者としての運動に携わり，『功利主義論』や『自由論』を執筆した．

　ベンサムの功利主義では，幸福の基準としての快楽は，どのようなものであっても，その量を一律に測ることができるとされますが，ミルはそれに異を唱え，身体的な快楽と精神的な快楽を区別し，快楽には質的な違いがあるのだと考えました（**質的功利主義**）．精神的な快楽とは，他者との関わりのなかから生まれる利他的な快楽であり，人間は，そのような快楽を求めるべきなのです．さらに，ミルは，社会が功利主義的に幸福なものになるためには，快楽の量を増大させるだけでなく，人々の自由を尊重することが大切であると考え，思想と言論の自由を説いています．そうした自由が平等に認められこそ，社会はほんとうに幸福な社会となるのです．

西　洋　現

年代	西洋の出来事	哲学者たち
1800		現象学　　　　　実存主義　　　　　　　　　言語哲学
1850	アメリカ南北戦争	フッサール　　キルケゴール　マルクス　　フレーゲ 　　　　　　　ニーチェ
		ラッセル
1900	世界大恐慌 第一次世界大戦勃発 ソヴィエト連邦成立	生の哲学　プラグマティズム ベルクソン ハイデガー　　　　パース 　　　　　　　　ジェームズ
	第二次世界大戦勃発 ポツダム宣言 ドイツ東西に分裂 国際連合発足 東西冷戦始まる	デューイ　　ウィトゲンシュタイン サルトル メルロ=ポンティ　　　　オースティン レヴィナス
1950		構造主義 レヴィ=ストロース ソシュール
2000	東西ドイツ統一 ソヴィエト連邦崩壊	ポスト構造主義　　　社会理論 フーコー　　　　　ロールズ デリダ　　　　　　セン

代　哲　学

1．現象学の誕生

　フッサールは，近代の理性主義からドイツ観念論にいたる理性重視の哲学の流れ
を発展させ，現象学という新しい認識論の流れを作り出します．この現象学の手法
は，その後，現代のさまざまな学問に影響を与えることになりました．

2．実存主義

　他方で，ヘーゲルの理性的哲学に反発したキルケゴールは，合理的な人間理解を
拒絶し，主体的な真理を探究する実存主義を作り出し，ここにまったく新しい人間
理解が登場することになります．ニーチェも同様に，ヨーロッパのニヒリズムを克
服する，新しい価値の模索をしています．

3．現象学の発展

　理性的な認識論の哲学としてはじまった現象学は，独創的な哲学者たちの登場に
よって，新しい姿に発展していくことになります．ハイデガー，サルトル，メルロ
＝ポンティ，レヴィナスは，現象学の手法にのっとって，人間存在の意味を探求し
ました．これは，実存主義の継承としても位置づけることができます．

4．言語哲学

　言語に対する哲学的関心も，しだいに強くなり，言語哲学が登場します．フレー
ゲにはじまる言語の分析は，ウィトゲンシュタインやオースティンによって発展し
てきました．

5．その後の展開

　20世紀後半になると，新しい潮流はさまざまな流れに文化し，発展していきます．
構造主義が生まれ，フーコーのような新しい社会批判が生まれました．他方，倫理
への関心が再燃し，ロールズの正義論をはじめとする，新しい社会哲学が誕生して
います．

■ C1 ■ キルケゴール Søren Aabye Kierkegaard（1813-1855）

デンマークのコペンハーゲンに生まれる．コペンハーゲン大学で神学と哲学を学ぶが，父の犯した宗教的罪を知り苦悩する．レギーネ＝オルセンという少女と婚約するが，婚約破棄に至り，その後は，著作活動に没頭．『あれかこれか』『不安の概念』『死に至る病』などを執筆した．

　青年期に人生の危機に見舞われたキルケゴールは，理性を中心に人間存在を理解しようとするヘーゲルの哲学に強く反発しました．人間とは自己に苦悩し，絶望する存在であり，そうした苦悩を克服して，自分はどのように生きるべきかという**主体的真理**を見出していくことが重要なのです．人間にとっての**絶望**とは，たんに世の中や自分自身が嫌になるというだけではありません．キルケゴールの考えでは，ほんとうの絶望とは，神と正しく向き合おうとしても，向き合うことができないところに生まれるものなのです．それゆえ，彼は，神のまえに自分を投げ出すことでしか，人間は本当の救いを得ることができないと考えたのです．

■ C2 ■ マルクス Karl Heinrich Marx（1818-1883）

ドイツの裕福なユダヤ人家庭に生まれる．ボン大学，ベルリン大学，イェーナ大学で学ぶ．その後，『ライン新聞』の編集主幹となり，ジャーナリストとして活躍．盟友のエンゲルスと『共産党宣言』を出版．イギリスに亡命後，『資本論』を出版し，エンゲルスとともに社会主義運動に取り組んだ．

　ヨーロッパでは，18 世紀後半から，労働者の生活を改善する社会改革運動が盛んとなり，**社会主義**の思想が誕生しました．マルクスとエンゲルスは，自分たちの社会主義を**科学的社会主義**と呼び，科学的思考の欠如した**空想的社会主義**と区別しています．彼らは，資本家階級（ブルジョアジー）と労働者階級（プロレタリアート）によって作られる物質的な生産関係を科学的に分析し，その矛盾が労働者の疎外を引き起こしていることを明らかにしました．そして，その社会的矛盾から階級闘争が生じて，やがて，労働者を中心とする新しい社会が誕生するという，**唯物史観**を提唱したのです．

■ C3 ■ ニーチェ Friedrich Wilhelm Nietzsche（1844-1900）

ドイツに生まれる．ボン大学で神学と古典文献学を学ぶ．古典文献学研究が認められ，24 歳でバーゼル大学教授となり，『悲劇の誕生』を出版するが，学会の批判を浴び，大学を辞職．その後，病気と闘いながら，『善悪の彼岸』『ツァラトゥストラかく語りき』など，多数の著作を執筆した．

　ニーチェは，現在でも強い影響力を持つ個性的な思想家です．彼は，古典文献学者として，古代ギリシャ文化の研究から出発しましたが，彼の哲学の発想の源流には，キリスト教以前の古代社会の倫理的価値観が存在しています．彼は，キリスト教の道徳を，弱者の道徳として厳しく批判しました．人々は，キリスト教の倫理が普遍的な真理だと考えていますが，ニーチェによれば，われわれが真理だと信じているものは，遠近法的なものにすぎません．彼は，価値の失われたニヒリズムの時代のなかで，新しい価値を創造できる超人の出現を期待しましたが，その生の理想像は，彼が古代ギリシャの英雄時代の価値観から学んだものなのです．

■ C4 ■ ベルクソン Henri-Louis Bergson（1859-1941）

フランスのパリに生まれる．高等師範学校で哲学を学び，22 歳で教授資格国家試験に合格．その後，『時間と自由』『物質と記憶』などの著書を発表し，コレージュ・ド・フランスの教授に就任した．各方面で活躍し，1928 年にはノーベル文学賞を受賞している．代表作として『創造的進化』『道徳と宗教の二源泉』など．

　ベルクソンは，生の哲学と呼ばれる流れに属しており，生命が持つ特別な力を強調しました．彼によれば，生命は，物質とはまったく異なるものであり，物質のように物理的法則に従って機械的に運動するようなものではありません．生命とは，ほかのものによって動かされるようなものではなく，自分で自分を創り出していく創造的な力なのであり，彼はそれを生の飛躍（エラン・ヴィタール）と呼んでいます．ここから彼は，世界を空間化して物理的に把握しようとする科学的な世界観を批判し，時間もまた，このような生命が作り出す，空間化されない純粋持続だと考えたのです．

■ C5 ■ フッサール Edmund Gustav Albrecht Husserl (1859-1938)

オーストリアに生まれる. 大学では数学を専攻していたが, ウィーン大学で哲学者のブレンターノに出会い, 哲学に転向. その後, ゲッティンゲン大学, フライブルク大学で教鞭をとり,『イデーン』などの著作を出版. 現象学という新しい流れを作り出し, その後の哲学に大きな影響を与えた.

　デカルト以降のヨーロッパの哲学では, 認識の主体である意識がどのようにして客観的な世界を把握しうるのかという問題が論じられてきました. フッサールは, この問題に対して, 世界を認識する人間の意識の働きそのものを解明し, 意識に対して世界がどのように現象してくるのかを, 厳密な方法によって明らかにしようとする**現象学**を提唱しました. 彼によれば, 意識の本質は, 何ものかに向けられた志向的な働き (ノエシス) であり, その働きの結果としてあらわれる内容が対象 (ノエマ) です. われわれは, このノエシスとノエマの内容を, あらわれ自体に即して分析し, 事象の本質に迫っていかなければならないのです.

■ C6 ■ ウィトゲンシュタイン Ludwig Wittgenstein (1889-1951)

オーストリアのウィーンに生まれる. ベルリンの工科大学やマンチェスター大学で工学を学ぶ. その後, 数学への関心から, ケンブリッジ大学のラッセルのもとで数理哲学を学び,『論理哲学論考』を出版. その後, ケンブリッジ大学のフェローとなり, 多くの研究ノートを作成. その後の哲学に多大な影響を与えた.

　ウィトゲンシュタインは,『論理哲学論考』において, **写像理論**と呼ばれる言語観を提示しました. これは, 言語と世界の間には構造的な対応関係があり, 言語とは世界の写像であるとするものです. 言語は, 世界に存在する対象の名から構成される**要素命題**と, 命題間に成立する**真理関数**からなり, これらの論理的関係全体が言語なのです. こうした言語観は, 実証主義的な哲学に大きな影響を与え, ウィトゲンシュタインも哲学の根本的な問題を解決したと信じました. しかし, 後にケンブリッジ大学に戻ると, 彼は, それだけではおさまらない哲学的問題があることを認識し, **言語ゲーム**の概念を中心とした新しい言語観を提示したのです.

■C7■　ハイデガー　Martin Heidegger（1889-1976）

ドイツに生まれる．フライブルク大学で神学を学び，聖職者を目指すが，哲学に転向する．フッサールから現象学を学び，現象学の手法によって人間存在を分析した『存在と時間』を出版．フライブルク大学教授となり，やがて総長に選出されるが，ナチスに協力したと批判され，公職を追われた．

❖存在への問い

　われわれは，身の回りにあるさまざまな事物を存在と考えていますが，ハイデガーによれば，それは**存在者**であり，存在そのものではありません．存在者がどのように存在しているかという，存在のあり方こそが重要なのです．ところが，そのような存在は，われわれから**隠蔽**されていると，ハイデガーは言います．彼によれば，そうした隠蔽が開示され，存在そのものがその姿をあらわにするとき，われわれは**真理**を知ったといえるのです．

❖世界内存在としての人間

　ハイデガーは，存在の姿を明らかにするために，まずは，人間という存在者の存在のありかたを分析しようとしました．われわれは，さまざまな事物に取り囲まれて生きていますが，それらはわれわれの日常のなかで使用される**道具存在**であり，われわれは，そうした道具の連関のなかで生きています．それが人間の世界であり，人間はそうした世界の外に出ることはできません．人間は**世界内存在**なのであり，その存在のあり方こそ，**現存在**なのです．

❖死への先駆的決意性

　われわれは，通常は，日常性に埋没して生きています．しかし，そのようなあり方は，人間の本来的な存在とはいえません．では，どうすれば本来的なあり方ができるのでしょうか．ハイデガーによれば，人間は時間的存在であり，自分の過去を了解して受け入れ，未来に向かって自分自身を投げ出すことで自己を作り出します．しかし，**死に向かう存在**である人間は，自分の究極の可能性である死から目をそらして生きています．自分の死を見据え，それをあらかじめ引き受ける**先駆的決意性**を持つことによって，人間は本来的な存在を手にすることができるのです．

■ C8 ■　サルトル Jean-Paul Sartre（1905-1980）

フランスのパリに生まれる．高等師範学校を卒業後，高等中学校（リセ）の教師をつとめながら，ヨーロッパ各地で現象学を学び，『嘔吐』や『存在と無』などの著作を出版．第二次大戦中は，対独レジスタンスに参加した．終戦後は，反戦運動に従事しつつ，作家として活躍した．

　サルトルは，フッサールやハイデガーのもとで現象学を学び，独自の哲学を打ち立てました．彼は，客体である対象と，主体である意識を，「即自─対自」という対立軸で捉えました．サルトルによれば，即自とは，つねに同じものであり続ける存在ですが，自己と向き合う対自としてのわたしは，つねに自分を**投企**して，新しい存在になっていきます．人間は，本質的に自由な存在なのです．しかし，それは何をしてもよいということではありません．人間は，社会的な営みに参画し，自分の自由によって社会を変えていく存在であり，それゆえ，人間の自由には強い**責任**が伴うのです．

■ C9 ■　メルロ＝ポンティ Maurice Merleau-Ponty（1908-1961）

フランスに生まれる．高等師範学校入学後，サルトルと知り合う．卒業後，高等中学校（リセ）の教師をつとめる．現象学を学び，現象学的な身体論である『知覚の現象学』を出版するとともに，サルトルと活動した．戦後は，パリ大学，コレージュ・ド・フランスの教授などをつとめた．

　メルロ＝ポンティは，現象学の考え方を，人間の行動と知覚の構造の分析に適用し，独自の身体論を構築しました．われわれが通常イメージする身体とは，計測され，数値化される物体的な身体であり，われわれの意識に対立する，対象としての身体でしょう．しかし，メルロ＝ポンティは，身体とは意識と対象の間にあるもので，対象でありながら，同時に，ほかの対象が意味づけられるような両義的なものだと考えます．たとえば，ボールを投げたり，自転車に乗るとき，われわれは何も考えなくても，身体が自然に反応して複雑な動きをすることができます．身体には，われわれの心が浸透しているのです．

■ C10 ■　レヴィナス　Emmanuel Lévinas（1906-1995）

リトアニアのユダヤ人の家庭に生まれる．フランスのストラスブール大学に留学．哲学を学び，ドイツでフッサールやハイデガーの現象学に出会う．第二次世界大戦によってパリに進行したドイツ軍の捕虜となり，強制収容所に抑留される．終戦後，パリ大学の教授に就任する．

　レヴィナスは，現象学から出発した哲学者ですが，現象学がヨーロッパの哲学の伝統のなかにあるのに対して，レヴィナスは，それを，ユダヤ思想の観点から批判し，独自の他者論を作り出しました．レヴィナスは，ヨーロッパの根源的な世界観である**全体性**の思想を批判します．彼によれば，ヨーロッパの哲学は，世界を完結した全体として把握する自我を想定し，自我のなかに世界のすべてを同一化しようとします．このような世界観では，他者は，自己と同じ世界のなかの一要素にすぎません．しかし，他者とは，そうした自我の認識をどこまでも拒絶する，自我の到達しえない**無限**なのだとレヴィナスは考えるのです．

■ C11 ■　フレーゲ　Friedrich Ludwig Gottlob Frege（1848-1925）

ドイツに生まれる．イェーナ大学とゲッティンゲン大学で，数学，物理学，哲学を学ぶ．イェーナ大学で教鞭をとり，『概念記法』『算術の基礎』『算術の基本法則』などの著書を公刊．数学の論理学的基礎づけをおこない，その理論はラッセルやウィトゲンシュタインに大きな影響を与えた．

■ C12 ■　オースティン　J. L. Austin（1911-1960）

イギリスのランカスターに生まれる．オックスフォード大学ベイリアル・カレッジでギリシャ古典を学び，アリストテレスの影響を受ける．その後，オール・ソールズ・カレッジのフェローとなり，言語行為論を核とした言語哲学を展開する．当時，オックスフォード大学に誕生した新しい言語哲学は，オックスフォード日常言語学派と呼ばれ，彼はその中心として活躍した．

■ C13 ■　パース Charles Sanders Peirce（1839-1914）

アメリカのマサチューセッツ州ケンブリッジに生まれる．数学者であった父から教育を受け，ハーバード大学で学位を授与される．米国沿岸測量部やハーバード大学天文台で科学者として活躍ながら，論理学の研究をおこなった．その後，隠棲して哲学の研究に従事した．

　パースはアメリカを代表する思想家のひとりであり，多様な分野で活躍しました．科学者としてだけでなく，哲学者としても重要な仕事を残しています．とりわけ重要な仕事は，論理学に関するものであり，フレーゲと同時期に，**関係の論理学**と呼ばれる体系を作り出しました．これは，人間の思考の過程を記号の操作とみなし，その構造を分析したもので，後にソシュールによって確立される**記号論**のさきがけと見なされています．**アブダクション**に関する理論や，科学的な真理をめぐる考察も，こうした人間の認識をめぐる学問的関心から生まれたものです．このような新しい哲学を，彼は**プラグマティズム**と名づけました．

■ C14 ■　ジェームズ William James（1842-1910）

アメリカのニューヨークに生まれる．父は裕福な宗教家で，一家はヨーロッパ各地で暮らした．ハーバード大学で科学，生物学，医学などを学ぶが，心理学に転向し，ドイツに留学．『心理学研究』を出版．その後，ハーバード大学哲学教授をつとめ，『プラグマティズム』『宗教的経験の諸相』などを出版した．

　ジェームズは，友人のパースの影響を受けて，自分の哲学を**プラグマティズム**と呼びましたが，その内実はパースの哲学とは大きく異なっています．論理学を基盤としたパースとは異なり，ジェームズは心理学を基盤として，認識や真理の問題を考察しました．心理学の研究では，人間の意識の本質を考察し，そこから人間の意識の根本的な経験として，主観と客観の対立に先立つ**純粋経験**という考え方を打ち出しました．この発想は，西田幾多郎の哲学に大きな影響を与えています．ジェームズは，真理を有用性として捉えようとしましたが，これも，真理を，人間の経験と密接に結びついたものと考えるところから来ています．

■ C15 ■　ロールズ John Rawls（1921-2002）

> アメリカのボルティモアに生まれる．プリンストン大学卒業後，兵役につき，第二次世界大戦に従軍する．原爆投下後の広島も訪れており，原爆の是非に関する発言もある．除隊後に大学院に進学し，倫理学の研究をおこなう．その後，コーネル大学，マサチューセッツ工科大学を経て，ハーバード大学の教授に就任．『正義論』を刊行し，多方面に大きな影響を与えた．

　20世紀になると，論理や言語が哲学の関心の中心となり，実証主義的な傾向が強くなりました．そうした流れのなかで，哲学は，倫理や道徳について語らなくなっていきました．そして，倫理や道徳は個人的な価値観や心情の表明であり，客観的な学問的分析はできないという**情動主義**のような考え方が強まっていきました．そうした流れに抗して，哲学の議論に**正義**の問題を復活させたのが，ロールズです．ロールズは，イギリスやアメリカで力の強かった**功利主義**の考え方を批判し，伝統的な社会契約説の思想を現代的な姿に復活させたのです．ロールズの出現以降，アメリカでは，社会のありかたをめぐる哲学的論争が盛んになっています．

■ C16 ■　フーコー Michel Foucault（1926-1984）

> フランスのポワティエに生まれる．高等師範学校で哲学と心理学を学ぶ．リール大学，ウプサラ大学，ワルシャワ大学を経て，コレージュ・ド・フランスの教授として活躍する．その間，『狂気の歴史』『言葉と物』『監獄の誕生』『性の歴史』などの問題作を多数発表した．

　フーコーは，20世紀の大きな思潮のひとつである**構造主義**に属する思想家です．構造主義とは，文化や言語などの研究対象の背後に，要素と，要素間の関係からなる**構造**を想定し，その構造の解明を通して，研究対象を理解しようとする方法です．フーコーの真価は，こうした方法論を駆使して，ヨーロッパにおける近代的学問の発生過程や，学校教育などの近代的制度の発生過程を具体的に分析することによって，哲学が普遍的だと信じていた理性や真理などが，じつは歴史的な生成物にすぎないことを暴き出したところにあります．その意味で，フーコーの研究は，ヨーロッパの価値観を解体しようとするニーチェの試みに通じたものなのです．

東　洋

年代	東洋の出来事	哲学者たち		
紀元前	アーリア人がインドに侵入 バラモン教が成立	インド哲学	中国哲学	
5 世紀		ゴータマ・ブッダ	孔子	老子
4 世紀			孟子	荘子
3 世紀			荀子	
紀元後	秦が中国を統一		韓非子 墨子	
1 世紀	原始仏教が成立			
	大乗仏教が成立	ナーガールジュナ		
2 世紀				
4 世紀		アサンガ ヴァスバンドゥ		
	日本に仏教が伝来			日本の哲学
		シャンカラ		
8 世紀				空海　最澄 法然　親鸞
12 世紀			朱熹	道元　栄西
16 世紀	江戸幕府が発足		王陽明	林羅山 中江藤樹
18 世紀				安藤昌益
20 世紀	明治維新			西田幾多郎 和辻哲郎

哲　　学

1．インド哲学の形成

　インドでは，アーリア人の侵入後，バラモン教の聖典であるヴェーダが成立しますが，その哲学的な思想を記述したウパニシャッドが紀元前 6 世紀には成立し，インド哲学の源流となります．このころ，多くの哲学者たちが登場しましたが，そのなかにゴータマ・ブッダがあらわれ，仏教の開祖となります．

2．中国哲学の形成

　中国では，春秋時代に孔子と孟子が登場し，儒学が生まれます．老荘思想（道教）も，同時期に形成されました．その後，戦国時代にかけて，荀子と韓非子（法家思想）や，墨子などが登場します．これらの思想家は，諸子百家と呼ばれます．

3．インド哲学の発展

　インド哲学では，大乗仏教の勢力が大きくなり，ナーガールジュナ，アサンガ，ヴァスバンドゥなどの哲学者があらわれて，大乗仏教の哲学的基礎づけをおこないました．この間，仏教は多くの宗派に別れ，アジア各地に伝播していきました．仏教以外にもさまざまな学派が存続し，シャンカラなどが登場します．

4．中国哲学の発展

　中国では，儒学や道教などの伝統的な思想が引き継がれ，発展を遂げていきます．儒学では，朱熹と王陽明が登場し，新しい流れを作ります．また，インドから伝播した仏教が独自の発展を遂げ，禅宗などが成立します．

5．日本の哲学の形成と発展

　日本では，紀元前 6 世紀頃から，中国の仏教が伝播し，平安から鎌倉時代にかけて多様な宗派に別れ，独自の発展を遂げていきます．また，儒学も同様に強い影響を与えてきましたが，江戸時代になると朱子学と陽明学が伝播し，栄えます．明治時代になると西洋哲学が輸入されますが，やがて，西田や和辻など，西洋哲学を基盤とした日本独自の哲学が誕生していくことになります．

■D1■　ゴータマ・ブッダ（B.C. 5‐4 世紀頃）

現在のインドとネパールの境にあったカピラヴァットゥのサーキヤ（釈迦）族の王子として生まれる．16 歳で結婚して家庭を持つが，やがて人間の苦しみについて思索するようになり，29 歳で出家して，修行僧となる．35 歳で悟りを開き，ブッダとなる．その後，80 歳で没するまで，各地で布教活動をした．

　ゴータマ・ブッダは，仏教の開祖であり，仏教の教えの基礎を作った人物ですが，その思想は，当時存在していたインド哲学のさまざまな学派の思想の影響のなかで生まれてきたものであり，彼が至った悟りの内容は，世界と人間の本性をめぐる哲学的な理論とみなすことができます．その哲学の中心には，世界を絶えざる生成流転の相のもとに見，世界にも人間にも不変的な実体を認めないという**縁起**の世界観があり，世界への執着から生まれる人間の苦しみの構造も，その苦しみから抜け出すための方法も，すべてがこの哲学的世界観から論理的に帰結してきたものだといえるのです．

■D2■　ナーガールジュナ（竜樹）（150 頃‐200 頃）

南インドのバラモン階級の出身といわれる．インド各地で布教活動をおこない，大乗仏教の基礎を確立した人物であるが，ナーガールジュナの著作とされるものは多岐にわたっており，空の理論を提唱したナーガールジュナのほかにも，別のナーガールジュナが存在した可能性もある．

　ゴータマ・ブッダによって始められた仏教は，その後，その思想の解釈をめぐって対立を引き起こし，多くの宗派に分裂していきました（**部派仏教**）．やがて，そのなかから，すべての人々の救済に主眼を置く**大乗仏教**が登場し，勢力を広げてきます．大乗仏教は，中国を経由して，日本に伝播していきました．その大乗仏教の根幹的な理論である**空**の理論を確立した人物が，ナーガールジュナです．空とは，世界の存在はすべて**縁起**によって生じ，何ものも不変の本性を持たない（**無自性**）ことですが，彼は，この理論にもとづいて，すべての人間が苦しみから抜け出して，救いを得ることができるのだと主張したのです．

■D3■　アサンガ（無著）とヴァスバンドゥ（世親）

アサンガ（395頃-470頃）は，ガンダーラ地方プルシャプラのバラモン階級の出身で，部派仏教を学ぶが，その後，大乗仏教に転向した．ヴァスバンドゥ（400頃-480頃）はアサンガの弟で，同様に大乗仏教に転向した．

アサンガとヴァスバンドゥの兄弟は，まだ部派仏教の勢力が強かった時代に，部派仏教から出発して，大乗仏教に転向し，多くの著書を執筆して，その拡大に貢献しました．兄のアサンガは，当初は説一切有部あるいは化地部という部派に属していましたが，その教えに満足できず，大乗仏教に転向しました．弥勒（マイトレーヤ）から唯識論を学んだという伝説があります．弟のヴァスバンドゥも，当初は説一切有部に属し，大乗仏教を批判していましたが，兄の説得によって大乗仏教に転じたとされています．この兄弟が完成させた**唯識論**は，縁起説や空の理論とともに，大乗仏教の根幹をなす哲学的理論となりました．

■D4■　シャンカラ（8世紀頃）

南インドのバラモン階級出身．幼い頃からヴェーダ聖典を学び，出家した後は，インド中を遊行して，布教活動をおこなった．遊行の生活のなかで，著書の執筆や，弟子の教育，あるいは僧院の設立などをおこなった．北インドで，30代の若さで亡くなったといわれている．

シャンカラは，伝統的な六つの学派（六派哲学）のひとつであるヴェーダーンタ学派を代表する哲学者です．この学派は，バラモン教の聖典ヴェーダとウパニシャッドを基盤とし，宇宙の本質である**ブラフマン**と，自己の本質である**アートマン**が究極的には同一のものだと考えています．では，どうして現実の世界は，真理とは異なっているのでしょうか．シャンカラの**不二一元論**は，その原因は無知（無明）にあり，人間は，現実には実在しない幻を見ているにすぎないのだとし，そこから脱出するために，正しい知識を手に入れるべきだと主張しました．彼の思想は，仏教思想からの影響も見られ，仮面の仏教徒と呼ばれることもあります．

■ D5 ■　孔子（B.C. 552/1-479）

古代中国の魯の国に生まれる．幼少の頃に父を失い，母の家で育てられる．15歳の頃，学問を学びはじめる．一時，魯の官吏となるが，その後は魯を離れ，各地を遊学して古典を学んだ．魯に戻り，大臣となるが，政争に敗れて魯を去る．その後，魯に戻り，弟子の教育に専念した．

　孔子は，人間が従うべき実践的規範としての**道**を説きました．孔子によれば，そのような実践的規範は，**仁**と**礼**の二つに分けられます．仁とは，あらゆる倫理の根底にある，人間のあるべき性質であり，忠（自己への誠実さ），恕（他人への思いやり），孝（肉親への愛），悌（友人への愛）からなっています．これらの徳は，いずれも，社会での人間関係において重要な性質であり，こうした性質を身につけて，人格的な完成を遂げた人物が**君子**です．他方，礼とは，仁が社会のなかで具現化した社会的規範のことです．このように，孔子にとって，人間の倫理は，共同体と相即不離なものでした．

■ D6 ■　荀子（B.C. 339以降-235頃）

古代中国の趙の国に生まれる．故郷で学問の修行を積み，50歳のとき斉の国に遊学．その高い学識を認められ，斉の学園の長を三度にわたりつとめた．晩年に職を辞した後は，楚の国におもむき，そこで官吏として活躍するとともに，教育と著述活動をおこなった．

　荀子が生きた時代は，孔子の活躍した時代から200年あまりが経過した，戦国時代の後半でした．多くの国に分裂して争いを繰り広げ，社会的混乱が深刻になっていった時代です．荀子は，人間は生まれつき利己的で，自分の利益を求めて争いを起こすという**性悪説**を唱えましたが，その背後には，どうやって社会に平和を取り戻すかという課題がありました．そのために，彼は，儒学における仁の重視を否定し，礼という外面的な社会的規範によって，人々の悪しき性を矯正するとともに，法や刑罰の力によって，社会を安定させようとしたのです．こうした考え方は，その後，**法家思想**として発展していくことになりました．

■ D7 ■ 老子と荘子

老子は紀元前 6〜5 世紀頃の人，荘子（荘周）は，紀元前 4〜3 世紀頃の人と推測されている．いずれも，その生涯がほとんど知られていない伝説的な人物であり，その実在が疑われることもある．

老子　　　荘子

　老子と荘子は，儒学の創始者である孔子や孟子が活躍した時期に登場し，その思想を批判しました．孔子は，人間が従うべき道徳を道と呼びましたが，老子は，これとはまったく異なる，万物の根源である，ありのままの自然に従う**道**を説きました．彼は，人為的な事柄を嫌い，無作為に自然に従う**無為自然**を理想としました．彼にとっての理想社会も，自然に従う平和な社会であり，そのためには，社会は小さな国でなければならないと説きました（**小国寡民**）．荘子は，こうした老子の思想をさらに発展させて，人為的な価値を超越した自由の境地を求めました．こうした彼らの思想は，その後，**道教**という宗教に発展していきました．

■ D8 ■ 朱熹（1130-1200）

南剣州尤渓県（現在の福建省）に生まれる．19 歳のとき科挙に合格．官吏として活躍する．学者であった父の友人から儒学を学び，それを発展させて，朱子学を作り上げた．晩年には，朱子学が「偽学の禁」と呼ばれる弾圧を受け，朱熹も失脚して，失意の生涯を閉じた．

　朱熹は，かならずしも整合的な理論とはいえなかった儒学の思想を，**理気二元論**を基盤にして，壮大な学問体系に発展させました．朱熹によれば，理と気は相即不離の関係にあり，切り離すことができません．われわれの生きる物質的世界は，非物質的な原理である理を知ることなしには理解不可能であり，学問とは，事物に内在する理を探求し，見極めることにほかなりません（**窮理**）．人間の本性もまた理なのであり（**性即理**），われわれは，人間を含めた世界のすべての事物の理を一つひとつ窮めていくことによって，世界全体を理解することができるのです（**格物致知**）．こうした彼の考え方は，西洋の科学的発想と共通する側面を持っています．

■ D9 ■　道元（1200-1253）

 京都に生まれる．13歳で出家し，比叡山で修行するが，その後，23歳のとき，禅宗を学ぶために南宋へ渡り，中国曹洞宗の如浄の教えを受ける．帰国後は，禅宗の普及につとめるとともに，『正法眼蔵』を執筆．越前（福井県）に，曹洞宗の総本山である永平寺を開いた．

　日本の仏教は，中国から伝播し，真言宗，浄土宗，日蓮宗などのたくさんの宗派が形成されて，独自の発展を遂げました．中国で発展した禅宗も，鎌倉時代に日本に伝えられ，臨済宗や曹洞宗などの宗派が形成されて，大きな勢力となっていきます．道元は，日本の曹洞宗の創設者であり，念仏のような手段に頼るのではなく，ひたすら坐禅に打ち込むこと（只管打坐）によって，自己の束縛から解放されて世界と一体化する心身脱落の境地を目指しました．道元は，その思想を『正法眼蔵』という大著にまとめましたが，その深い思索は，禅宗を超えて，広く影響を与えました．道元の時間論も，この著作の「有時」の巻で展開されています．

■ D10 ■　安藤昌益（1703-1762）

出羽国（秋田県）の古い家柄の農家に生まれ，幼少時より書物に親しむ．15歳のころに京都におもむき，僧侶となるが，やがて修行生活に疑問を持つようになり，医学に転じた．京都で医学を学び，経験を積んだ後，41歳のころに八戸で開業し，医者として活躍した．この間に，主著『自然真営道』を執筆して出版している．晩年は故郷に戻り，そこで没した．

　安藤昌益は，江戸時代中期に活躍した独創的な思想家ですが，その独創性ゆえに，昭和になって再発見されるまでは，「忘れられた思想家」でした．安藤は，いまで言う「エコロジスト」であり，医師としての経験から，人間と自然の間の深い関わりを強調しました．そうした安藤の自然哲学は，やがて，みずから耕し，自然とともに生きる生を理想とする価値観を生み出し，さらには，そうした理想的な生を疎外する人為的な社会習慣への厳しい批判に発展していきました．こうした彼のエコロジーとアナーキズムの思想は，自然との共生を強調する現代の自然保護思想のさきがけともいえるものです．

■D11■　西田幾多郎（1870-1945）

石川県に生まれる．金沢の四高を中退後，東京帝国大学哲学科選科に入学．卒業後，金沢の四高教授をつとめ，この間に処女作の『善の研究』を執筆．その後，学習院教授を経て，京都帝国大学教授となる．『働くものから見るものへ』『無の自覚的限定』などを出版するとともに，多くの弟子を育て，京都学派を作った．

　　西田幾多郎は，西洋哲学を基盤として，西洋哲学のさまざまな概念を批判的に継承しながら，それを東洋哲学の世界観に接続し，東洋哲学における存在概念を哲学的に解明しようとした哲学者です．西田は，ジェームズの純粋経験の概念を借りて，主客未分の状態を実在と考えましたが，その背後には，彼自身の禅の体験があると言われており，その解明をおこなった『善の研究』が彼の哲学の出発点です．純粋経験の概念によって西洋哲学の枠組を超えようとする試みは，『善の研究』後も続けられ，そこで構築されていった，**場所の論理**や**絶対無**などの東洋的な存在論の理論は，やがて**西田哲学**と呼ばれるようになりました．

■D12■　和辻哲郎（1889-1960）

兵庫県姫路市に生まれる．第一高等学校卒業後，東京帝国大学哲学科に入学．教師であったドイツの哲学者ケーベルの影響を受けた．その後，京都帝国大学などを経て，東京帝国大学教授に就任．その間，ドイツに留学して，ハイデガーなどの影響を受けた．『風土』『人間の学としての倫理学』などを執筆．

　　和辻哲郎は，西洋哲学に対する深い知識を下敷きにして，独自の倫理学体系を構築した哲学者です．和辻は，西洋だけでなく，日本の伝統的な文化や倫理を幅広く研究し，西洋的な個人主義中心の倫理学とは異なる倫理学を提唱しました．彼の考えでは，人間は**間柄的存在**であり，個人であるとともに，社会的存在でもあります．そのような人間と社会との間のかかわりを探求するのが，**人間の学**，すなわち倫理学なのです．和辻によれば，そのような人間の倫理的ありかたは，人間が生活している自然環境（風土）と密接に関係し，それによって規定されています．人間は，風土的存在でもあるのです．

索　引

《著者紹介》

中澤　務（なかざわ　つとむ）

　1965 年　埼玉県生まれ
　1992 年　北海道大学大学院文学研究科博士後期課程中退
　2004 年　博士（文学）（北海道大学）
　現　在　関西大学文学部教授

主要業績

　『技術と身体』（共著，ミネルヴァ書房，2006 年）
　『ソクラテスとフィロソフィア』（ミネルヴァ書房，2007 年）
　『知のナヴィゲーター』（編著，くろしお出版，2007 年）
　『都市の風土学』（共著，ミネルヴァ書房，2009 年）
　プラトン『プロタゴラス』（光文社，2010 年）
　プラトン『饗宴』（光文社，2013 年）
　セネカ『人生の短さについて』（光文社，2017 年）

哲学を学ぶ

2017 年 3 月 20 日　初版第 1 刷発行	＊定価はカバーに
2023 年 4 月 15 日　初版第 4 刷発行	表示してあります

　　　　著　者　　中　澤　　　務©

　　　　発行者　　萩　原　淳　平

　　　　印刷者　　田　中　雅　博

発行所　株式会社　晃　洋　書　房

〒615-0026　京都市右京区西院北矢掛町 7 番地
　　　　　電話　075(312)0788番（代）
　　　　　振替口座　01040-6-32280

装丁　クリエイティブ・コンセプト　印刷・製本　創栄図書印刷㈱
ISBN 978-4-7710-2838-8